エッセイ集

海外に生く

－ 海外世界を夢見た電気通信技術者の回想 －

波多野　謙一

YUKENSHA

エッセイ集

海外に生く

～海外世界を夢見た電気通信技術者の回想～

はじめに

私は約半世紀にわたり、世界各地の電気通信インフラ建設に携わってきたコンサル技術者です。仕事をとおして数多くの人々と出会い、日本にいては想像もつかない様々なことを体験してきました。

一年前、八十三歳で初期の前立腺がんを告知されました。そこで、気力、体力の残っているうちに、これまでの海外体験をエッセイにまとめようと思い立ったのです。

今春、海外生活で出会った人々にまつわるエッセイ「忘れ得ぬ海外の人々」を上梓《じょうし》しました（共著『珠玉のエッセイ集 彩《いろどり》』フローラル出版に所収）。

今回の『海外に生く』は、これに海外の出来事、人生・出会い、旅・趣味などを加え、自分史的エッセイ集に改編したものです。
エッセイ集の執筆にあたっては、作家の上野歩さんに懇切丁寧なご指導をいただきました。ここであらためてお礼申しあげます。

二〇一九年九月

波多野　謙一

〈目　次〉

II　海外つれづれ

Ⅲ　人生・出会い

Ⅳ 旅・趣味

カバーデザイン　ma-yu-ya-ta-ke

I

忘れ得ぬ海外の人々

ザンビア契約調印式（写真左：通信公社総裁『ザンビア・タイムス』より）

ゾロアスター教の美女

ゾロアスター教（拝火教）について忘れがたい思い出がある。一九七二年、イランのアフガニスタン国境近くの砂漠で、通信インフラの現地調査を行った時のことだ。

首都テヘランから現地までの距離は約一〇〇〇キロ。目的地までの道は険しく、途中、月面のような砂漠地帯を通過しなければならない。

行程のほぼ半ばに位置するオアシスの街ヤズドは、かつてゾロアスター教を国教とした、ササン朝ペルシャ帝国の中心地でもあった。拝火神殿の中で、千五百年前から燃え続けているという聖火が、妖しく揺らいでいた。

日程が限られていたので、聖地に心を残しつつ先を急いだ。途中、砂漠の中で道に迷い、ベドウィンのテントに一夜を乞うた。鹿肉をご馳走になり、砂漠の民の親切が身に染みた。

それから十年、この神秘的な宗教とはからずもニューヨークで再会することになった。仕事で懇意になったアメリカ電話会社の部長が、週末に予定している息子の結婚式に是非出席して欲しいという。

当日、緑豊かなニュージャージーの教会で行われた結婚式で、彼の奥さんを紹介されて目を見張った。どこか寂しげな面差しの、ふるいつきたくなるような若いペルシャ美人である。

二人は親子ほど歳がはなれていて、初め息子の結婚相手かと思った。聞けば、彼がイラン赴任中ひと目惚れして古女房と別れ、娘のような彼女をアメリカへ連れ帰ったとのこと。

その若い奥さんがゾロアスター教徒だった。私が十年前、聖地ヤズドを訪れた話をすると、地獄で仏とばかりに喜んだ。

「私はアメリカに来て間なしで、周囲はみんなキリスト教徒ばかりなの。ミスター・ハタノは仏教徒だから私の気持ちがわかるでしょう？　私たちは異教徒だから、キリスト教の作法に従う必要はないわ」

と、二人で教会儀式を無視し、讃美歌など歌わない。旦那は惚れた弱みからか、彼女の振る舞いには終始寛容で、ニコニコとわれわれを見守っているだけ。

日本帰国の当日、夫妻で空港まで見送りに来てくれた。空港ロビーで彼女が私にした別れのキスが、後々まで話題になった。

時を経て松本清張の小説『火の路』を読んだ。作家はこの中でゾロアスター教は飛鳥時代の日本へ渡来した、と推理している。清張の描く壮大な古代ロマンに魅せられるとともに、若き日の神秘的な宗教との出会いに思いをはせた。

ヤズド砂漠を行く

弾の飛んでこない戦場

今から三十年ほど前、アフリカ・スーダンで政府開発援助の仕事をしていた時のことだ。私の仕事場から一〇〇キロ近く離れた砂漠の中に、エチオピア難民の収容所があった。

そこで立正佼成会派遣の日本人ボランティア医療チームが、難民の診療にあたっていると聞いた。世界最貧国の砂漠の中での長期医療活動、その困難さは想像に余りある。週末に、日本から持ち込んだ貴重な米でおむすびをたくさん作り、部下とともにチームの激励に出かけた。そこで出会ったのは、一人の青年医師と三人の若いナースであった。折から雨季が始まっていた。彼らは泥沼に張られたテントの中で、休む間もなく、一日に何百人という難民患者を診ているのだ。

日常生活や医療活動に必要な水は、給水車が一日一回遠くのオアシスから運んで来る。

そんな環境下でナースたちは満足な食事がとれず、若い身空で何週間も入浴できずにいた。これでは患者より先に彼女たちの方が倒れてしまうのではないか、と心配になった。まさに弾の飛んでこない戦場の、ひめゆり部隊だ。持参したおむすびに狂喜した彼女らの顔が、いまだに忘れられない。

彼女らの働きには脱帽するばかりだったが、驚いたことに上には上がいた。同じ収容所で働く数人のアメリカ人ナースたちだ。

われわれが収容所を訪ねた時、奥地から病気を看てもらうためやってきた現地人に出会った。彼は収容所にたどり着き安心したのか、ゲート前で力尽きて倒れてしまった。知らせを聞いて、若いアメリカ人ナースが一人、ジープを運転して駆けつけてきたが、そのいで立ちがなんともすさまじい。粗末なシャツとズボン姿の全身は泥まみれ。ザンバラ髪で、首から聴診器をさげ、車から飛び降りた足はなんと裸足。胸元もあらわにして聴診器を患者にあて、てきぱきと現地語で病状を訊いている。まさに映画の一シーンを見ているような緊迫感が漂っていた。

アメリカ人ナースたちは収容所内を診まわる時はいつも裸足で、全身泥まみれになるなどまるで気にしていない。日本人ナースたちが、「お恥ずかしながら、私たちはとても彼女らの真似はできません」と、正直に話してくれた。国際ボランティア活動を支える両国の底辺の差なのだろうか。

ともあれ当時のスーダンでは、各国のボランティアが、難民支援という共通目標に向けて、キリスト教・回教・仏教など、宗教の垣根を越えて協力し合っていた。

それが現在では、難民は世界的に支援ではなく、排除の対象になっている。日本にしても決して他人事ではない。政治家まかせではなく、個々人が難民問題と真剣に向き合う時が来ている。

カリマンタンの母娘

ボルネオ島カリマンタンの首都バンジャルマシン。街は荒涼とした沼地に囲まれ、夜に一歩街を出れば漆黒の闇が広がっている。ある夜、私の宿へ、インドネシア人母娘が訪ねてきた。一九七一年、この地で政府開発援助調査をしていた時のことだ。

二人は、私が現地調査から宿へ戻る時刻を見計らい、暗い夜道をベチャ（インドネシアの人力車）に乗りやってきたという。それぞれ六十代、二十代で、もの静かで教養がありそうだ。彼女らが、一枚の古い写真を私に見せた。なかなかハンサムな軍服姿の日本人男性を中心に、両脇に若いインドネシア人女性と小さな女の子が写っている。男性は先の太平洋戦争中にカリマンタンに駐留していた陸軍将校で、彼女らの夫であり父であるという。娘が続けた。

「父は人格者で、村人から尊敬されていました。母は周囲に祝福されて父と正式に結婚したのです。あれから三十年近くたち、母も老いました。元気なうちに写真の父に会わせてあげたいと願っています。日本へお帰りになったら是非父を捜していただきたいのです」

インドネシアはフィリピンなど他の東南アジアの国と違い、太平洋戦争の激戦地になっていない。比較的軍政も良かったようで、あまり旧日本軍に対する悪評は聞かない。写真の日本人男性も真面目そうで、とても現地女性を一時の慰みにもてあそんだとは思えない。なんとか協力できればと思い、写真を預かり日本へ持ち帰った。

帰国後、マスコミなどに手を回し調べてみたが、結局手がかりはつかめなかった。インドネシア人母娘の力になろうとする一方で、自分のしていることが、男性家族の平和をかき乱すのではないかと危惧し、調査に積極的になれずにいたのだ。安易に引き受けてしまったことを後悔し、母娘にまた会うのは気が重かった。

翌年再びカリマンタンへ行った時に、母娘に丁寧に事情を説明して写真を返した。私の報告を聞いて寂しそうだった彼女たちのことを思うと、もう少し何とかしてやれなかったのかと、今でも悔いが残っている。私も小学生の時に父がニューギニアで戦死しているので、とても他人事とは思えなかった。

弾丸の飛び交う戦場での殺し合いだけが戦争ではない。戦火が止み三十年近くたっても、インドネシア人母娘の心に深い傷痕が残り、彼女たちの人生を大きく狂わせている。

カリマンタン開発調査を手始めに、私の仕事はジャワ、バリ、スマトラ、スラウェシとインドネシア全域に広がっていった。今でもこの国との長い付き合いは続いているが、初めて母娘に出会ったカリマンタンの夜を、決して忘れたことはない。

韓国 夢のまた夢

いま日韓が、国交断絶寸前のような険悪な状態に陥っている。日本による韓国の「ホワイト国」除外や、韓国の一方的な軍事情報協定破棄が主な火種だ。韓国には良い思い出しかない私にはとても残念な話だ。

四十八年前、私はソウル・釜山鉄道通信調査で二ヵ月ほど韓国に滞在したことがある。この間、韓国国鉄の技術者たちと一緒に、毎日のように沿線の山々を歩いた。彼らは当時四十代でみな日本語がぺらぺら。全員が酒好きで、登山の途中でもよく酒を飲んでいた。

何日も一緒に仕事をしていれば、初めのうちはお互いに意識して避けていた歴史認識問題がどうしても出てくる。仕事も半ばを過ぎたある日、技術者の一人がとうとう日本の韓国併合問題を持ち出し、私に絡んできた。韓国で仕事をする以上、このことは覚悟していたので、すぐさま私は応えた。

「私も日本の韓国併合、軍事支配は間違いだと思っています。私自身も日本軍国主義の被害者で、東京の家は空爆で焼かれ、父親はニューギニアで殺されました。だからあなたの言うことはよくわかります」

ひと言も漏らさじと私の話を聞いていた韓国人技術者は、驚いたように言った。

「ハタノさん、そんな話は戦後初めて日本人の口から聞いた。とても感激した。私はあなたを信じる。みんなに聞かせたいので、是非わが家へ遊びに来て欲しい」

その週末、大邱《テグ》郊外にある彼の家を訪れて驚いた。さほど広くない家に、二十人近い親類縁者が集まり、女や子供たちが総出で宴会の準備をしている。私の挨拶もそこそこに、真っ昼間から飲めや歌への、どんちゃん騒ぎが始まった。

一升瓶を抱え、日本語で、「ハタノさん、あんたの話は気に入った。もっと飲め！」と酒を勧める様はまるで日本人と一緒。私もつい飲み過ぎてしまったが、酔い心地は最高だった。

場所が移って釜山での話。まだ衛星放送が始まっていなかった当時、釜山の人たちはテレビアンテナを九州へ向け、日本の歌やドラマを楽しんでいた。たまたま現地調査で、テレビで日本語を勉強しているという若い女性と知り合った。日本文化のことをいろいろ訊かれたので説明してあげたら、その週末、お礼だと言って釜山の街を案内してくれた。

私ばかりではない。あの当時一緒に仕事をした日本人で、韓国に悪印象を持った人は少ないだろう。昨今の日韓関係を見ると隔世の感を禁じ得ない。歴史だけを見る韓国と、日韓基本条約のみにこだわる日本。両国の政治家は国民を煽《あお》るばかりで、将来の展望を示せないでいる。

最近、韓国経済が不況で、日本企業へ就職希望する若者が増えているという。この機会に是非若者同士の地道な交流を深めて欲しい。無責任なネット情報ではなく、相手の目を見て話をすれば必ずわかり合えると信ずる。

命のパエージャ

パエージャ（パエーリャ、パエリアとも）は、米に野菜、魚介類、肉などを炊き込んだ、スペインを代表する料理だ。私はこのパエージャについて生涯忘れられない思い出がある。

一九七〇年、日本が輸出したマイクロ波通信機器の訓練講師として、一ヵ月余り南米ベネズエラへ出張することになった。仕事の内容は、通信システム技術者の私が、専門外のハードウエアの扱い方をスペイン語で一日八時間講義するというものだった。

自信はなかったが、出発までの一ヵ月間、ネイティブのスペイン語教師に特訓を受けることを条件に引き受けた。それまでにスペイン語の基礎を二年間勉強していたので、若さの過信から泥縄対策で何とかなると思ったのだ。

しかし、そう甘くはなかった。私のつたないスペイン語と、専門外の生半可な知識をもとにした講義に、全国の通信会社現場主任を代表して集められた生徒が満足するはずもない。授業中、彼らのブーイングが激しく、教室はまさに地獄だった。

　スペイン語などだれも知らない日本の社内では、私程度のスペイン語でもまわりから「できる」といわれその気になっていた。それがベネズエラに来てみると、日常会話ならともかく、教室ではほとんど通用しない。

　周囲に日本人はだれ一人おらず、助けを頼むわけにもいかなかった。教室と、宿泊先の高層ペンションの間を往復するばかりの孤独な日々が続く。米飯に、揚げたバナナとインゲン豆を添えただけの現地食が喉を通らず、だんだんやせ細っていった。

　ちょうどその時期、カリブ海の向こうメキシコでは、第九回ワールドカップサッカーの真最中であった。サッカー好きのベネズエラ人は週末テレビにかじりついていて、自国チームが得点すると街中が大きくどよめく。仕事に打ちのめされていた私は、その度にみじめになり落ち込むばかりである。週明けからの授業を考えると、いっそ高層マンションの窓から飛び降りたらどんなに楽だろうと思った。

　そんな私を心配した、気の良い家主のスペイン人女性が、私の好みを無理やり聞き出し一日がかりでパエージャを作ってくれたのである。日本の炊き込みご飯を思わす味に、ほろっとした。料理もさることながら、女主人の心遣いが嬉しかったのだ。

女主人心尽くしのパエージャを食べ、少しずつ元気を取り戻していった。後になって彼女は、私が高層階の窓から飛び降りるのではないかと心配して、娘にこっそり見張らせていたと打ち明けてくれた。

ともあれパエージャとスペイン人母娘の心遣いのお陰で仕事は予定どおりに終わり、無事日本に帰国することができた。パエージャは孤立無援で奈落の底にあった私を救ってくれた、命の料理だ。

マドゥラ島の人々

インドネシア第二の都市スラバヤ沖合三キロに浮かぶマドゥラ島。現在この島はスラマドゥ大橋でスラバヤと結ばれているが、一九七二年当時は、スラバヤから小さなフェリーボートが通っていた。

インドネシアで最も貧しいといわれるこの島と、ボルネオ島との間で無線実験を行うため、二ヵ月ほど島に滞在した時のことだ。スラバヤで生活必需品を買い込み島へ渡ったが、途中トイレットペーパーを買い忘れたことに気付き、村の雑貨屋へ立ち寄った。

ところが島民の話すマドゥラ語は、標準インドネシア語とは異なるので、まるで話が通じない。身振り手ぶりでお尻を拭く仕草をしてみせたが、相手は「何をやっているの?」とばかりにただポカンとするばかりだ。島ではみな、川で用を足すので、そんな紙の用途があるなどまるで知らないのだ。今さらフェリーでスラバヤへ戻るわけにもいかず、仕方がないので私も二ヵ月間現地の風習に従う覚悟をした。

島の中心地パメカサンへ着いた。たった一軒しかない、そまつな食堂で昼飯をとっていると、ボロをまとった子供が二人、指をくわえてじっとこちらを見つめている。そうして私が食べ終わったとたん、残飯を手づかみにしてがつがつと食べ始めた。聞きしに勝る貧しい村だ。

パメカサンから一〇キロほど離れた、ジャワ海に面した小高い丘に小屋を建て、無線伝搬実験の準

パメカサン電話局の人々

備をした。夜は自家発電機で小屋の軒下に電灯をともしたので、何事が始まるのかと、付近の村人たちが大勢やってきた。

電灯のまわりには無数の羽蟻が集まってくる。村人たちは電灯の下に水を張ったバケツを置き、落ちてくる羽蟻をフライパンで炒め、羽をむしって食べ始めた。貴重な蛋白源《たんぱくげん》なのだという。トイレットペーパーの件や村の食堂での子供たちの振る舞いといい、たいへんな所へやってきたと先が不安になった。

間もなく二ヵ月にわたる無線実験が始まったが、私自身の食べ物を用意するのもたいへんだった。毎日木賃宿からバナナや焼き飯など簡単な昼食を携行したが、連日同じものばかりで、だんだん喉を通らなくなってきた。

そんな私を見かねて、パメカサン電話局の人が、毎日二時間近く歩いて、三段重ねのアルミ・ランチボックスに入った昼食を届けてくれた。これは美味しかった。インドネシア最貧村の人たちの温情が身に染みた。

二年後、無線実験結果をもとに、ボルネオ島との間に世界初の長距離マイクロ波電話回線が開通した。当時世界最新技術を使った通信回線だったが、やがて衛星通信が登場し、三十年にわたる使命を終えた。いま施設は電気通信博物館として、島の村興《むらおこ》しに役立っているという。毎日私の弁当を運んでくれた村人たちは今どうしているだろう。

初めてのアフリカ

ザンビアは私が初めて出会ったアフリカだ。円借款コンサル契約交渉・調印のため、暮れも押しつまった一九八三年十二月下旬、急きょ出張することになった。それまでにも何度か海外で新年を迎えたことはあったが、年末年始休暇を目前にした単身出張は初めてだ。

雪のモスクワ、雨のパリと乗り継ぎ、極乾のサハラ砂漠上空を飛び、三日がかりでザンビア第三の都市ウンドラへ入った。

ウンドラは交渉相手、ザンビア通信公社のある都市で、日本人は一人も住んでいない。単身でのやっかいな契約交渉を考えると、いささか憂うつだった。だが幸い、東南アジアなどと違い、戦争被害のなかったアフリカは日本に比較的好感を持ってくれている。

心配していた契約交渉も無事に終わって調印ということになり、新聞記者やカメラマンたちが大勢やってきた。記者会見も終わり、やれやれこれで日本へ帰れると思ったら、まだ通信公社総裁など幹部を、調印記念パーティーへ招待しなければならないと言う。

通常ならばこの種のパーティーには、在外日本公館をはじめ日本側関係者が多数出席するのだが、地方都市ウンドラにいる日本人は私一人。会場選び、料理メニューの選定、ホスト役と、何から何まで一人でやらなければならず、心身ともに疲れ果ててしまった。

孤軍奮闘でなんとか予定行事をこなす。これで新年を日本で家族とゆっくり過ごせるとひと安心した。早速航空便の手配を始めたが、生憎暮れもどん詰まりの十二月三十日。どの便も満席である。

ザンビアでは暮れから新年にかけてはクリスマス休暇で、金持ちはみんなヨーロッパへ出かけるのだ。国内でも仕事をしている人などだれもおらず、みんな家族や友人たちと酒を飲んだりして楽しく過ごしている。

そのころにはアルコール類はもうどこへ行っても品切れで、酒好きの私は、やむなく、だれもいないホテルのプールで時間をつぶした。そうやって年明けの空席を、十日間近くなすすべもなく待つしかなかった。

一人ぼっちの私を支えてくれたのが、ホテルの従業員をはじめとする身近にいたザンビア人たちの優しい心遣いだ。ホテルに、アフリカ人には珍しく水泳の上手なボーイがいて、私の無聊《ぶりょう》を慰めようと毎日のように熱心にコーチしてくれた。

このボーイのお蔭で私は水泳に親しむようになり、今でも近所の水泳プールへ通っている。アフリカ人に水泳を教わった日本人など私だけではないか、と妙なことを自慢にしている。

ザンビアとの出会いを機に、ガーナ、スーダン、マラウイ、ケニヤと、私のアフリカ詣がだんだん多くなっていった。

〝常識〟の相違

一九八六年、アフリカはマラウイでの話。マラウイは国土面積が北海道と九州を併せたほどの大きさで、その四分の一をアフリカ第三のマラウイ湖が占めている。世界自然遺産にも登録されている湖周辺は、風光明媚なアフリカンリゾートとして知られている。

そのマラウイ湖をめぐる話で、私はある時ちょっとした失敗をしてしまった。マラウイ通信公社幹部との懇親パーティー席上でのことだ。

マラウイ湖は一九世紀半ば、スコットランドの宣教師であり探検家でもあるリビングストンによって〝発見〟された、と物の本に書いてある。そのことを総裁に話したところ、

「ミスター・ハタノ、それは大きな間違いだ」

と、こう説明してくれた。

「スコットランド人が〝発見〟する何千年も前から、アフリカ人は湖の存在を知って

いて、漁業や水上輸送などで長い間生活の場になっていた。湖を欧米世界に紹介したのは確かにスコットランド人だが、〝発見〟したのはアフリカ人だ」

また、話題が変わって、マラウイの為替相場について意見交換していた時のこと。私は闇市場に相当する英単語として何の疑いもなく、〝ブラック・マーケット〟という言葉を使ったところ、

「それは〝ホワイト・マーケット〟の間違いではないか」

と反論された。

「歴史的に悪いことをするのは、多くの場合〝ブラック〟ではなく〝ホワイト〟だ。欧米人は都合の良いことはすべて自分達の手柄にし、悪いことはみな〝ブラック〟のせいにしてしまう」

と総裁は憤慨する。

まだほかにもある。スーダンの首都ハルツームで白・青ナイルが合流し、エジプトで地中海に注ぐ世界最長のナイル河。青ナイルの場合と違い、白ナイル河の水源については長い間知られていなかった。

一九世紀半ば、イギリスの探検家スピークは、白ナイル水源の湖を〝発見〟し、当時のイギリス女王の名を取りビクトリア湖と命名、欧米世界に発表した。しかしこの湖は現地ではニアンザ湖と呼ばれ、有史以前からピグミー族をはじめとした原住民に広く知られていた。このことも総裁に指摘された。

言われてみればそのとおりだが、明治以来欧米からの情報を鵜呑《うの》みにしてきた日本で暮らしていては、生涯気がつかないことがらだ。立場が変われば、〝常識〟が文字通り白黒一八〇度変わってしまうことをアフリカで学んだ。今日の、日中、日韓、日露の領土問題にも合い通ずるところがありそうだ。

ルソン島鎮魂の旅

フィリピンのルソン島北部は大半が熱帯雨林に覆われている。ジャングルの奥深い洞窟からは、いまだに錆びついた鉄かぶとや軍刀などが見つかる。この島に一九七九年、無線通信調査で出かけた時のことだ。

太平洋戦争末期、ルソン島では食糧の補給が完全に途絶え、餓死者や、マラリアや赤痢にかかる日本兵士が続出した。飢えた兵士たちは戦争どころではなく、食糧を求めて村や現地人を襲ったという。

私の父も同じような、いやもっと苛酷な地獄の戦場と呼ばれたニューギニアのジャングルで最期を遂げている。戦場は違うが、父の冥福を祈る意味もこめて洞窟に向けて手を合わせた。

しかし、日本兵に襲われた現地の人たちは、それ以上に悲惨だった。調査に行ったある村では、日本兵が生まれたばかりの赤ん坊を空中高く投げ上げ、銃剣で突き殺したとの話を聞かされた。戦争は人間を鬼や悪魔にしてしまう。無線中継所の用地を提供してもらうため、町役場へあいさつに行くと、町長にこう言われた。

「戦争中、日本軍はさんざん町を略奪、破壊しつくしました。今度あなたはそれを（円借款で）修復にやってきたという訳ですね」

町長の口調が穏やかだっただけに、その言葉は鋭い槍の穂先となって、私の胸にぐさりと突き刺さった。

私はまず真っ先に、何の罪もないフィリピンへの日本の侵略戦争を謝った。そして、「私も空爆で東京の家を焼かれ、父親をニューギニアで殺された戦争の犠牲者なのです」と、韓国の時と同じように、庶民感情に訴えた。すると、それまで冷ややかだった町長の態度が一変し、用地取得に協力してくれた。

あとで聞いたことだが、首都マニラからわれわれの調査に同行した通信公社の職員が一番危惧したのは、調査内容のことではなかった。住民がわれわれになにか危害を加えはしないかと心配し、万が一の時は身を挺して日本調査団を守るつもりでいたとのこと。

二ヵ月後、調査が終わりマニラへ戻る前日、日本人チーム全員が現地調査責任者の家で催されたお別れパーティーに招待された。ささやかながらも、家族総出の心のこもったパーティーだった。どうやら彼は調査旅行中せっせと貯めた旅費を、一晩で全部使ってしまったようだ。

暮色に染まるヤシの葉影に見るマニラ湾の落日は、世界三大夕陽のひとつに数えられるほどだ。そんな自然の美しい島が地獄の戦場になり、日本兵五十七万人が戦死し、フィリピンからは百十万人の犠牲者が出た。つい三十数年前のことである。

この調査旅行をとおし先の戦争について、現地の人たちと本音で向き合い、彼らとの距離が少しは縮まったのではないかと感じた。

神秘の国インド

結婚して二ヵ月が経った一九六五年夏。出勤するとすぐに上司から、

「波多野君、新婚早々で申しわけないが、インドのデカン高原へ鉄道通信調査に行ってくれないか」

と命じられた。

海外へ行きたくてNTTから電気通信コンサル会社へ転職した私は、インドがどんな国なのか、ろくに知りもせず喜んで引き受けた。

カルカッタ(現在のコルカタ)に着いて驚いた。一歩ホテルを出るとハエのように寄って来る物乞い、男根ばかりがぞろぞろ歩いているような不気味な中央広場、差別的な見世物小屋……。街は野良牛の糞だらけで不潔極まる。想像を絶するインドの現実に直面して、私はうろたえた。これが現実の世界なら、それまでの二ヵ月間の日本での新婚生

活は、まるでどこか別の惑星の出来事のように思えた。

季節も最悪だった。内陸で日中は四七度にも達する気温は息をするのがやっとで、とても現地調査どころではない。すぐにでも日本へ戻ろうかと思った。現にメンバーの一人は体調を崩し、到着三日後に帰国してしまった。

しかし人間の体は良くできたもので、そのうちだんだん暑さになれてきて、一週間後にはなんとか現地調査ができるような体調になった。

調査現場のあるデカン高原地方にはホテルなど宿泊施設がない。それを案じたインド国鉄は、私一人のために寝台車とコック付の食堂車を用意してくれた。

毎日の食事はコックがいるのでほとんど不自由はなかったが、問題は酒が飲めないことだった。インドは州によってアルコールが禁止されているので、酒好きの私には堪《こた》えた。ただ外国人だけには州政府が認可した特別な場所でパスポートを提示すれば、週当たりビール三本程度は手に入る。

ある日コックにパスポートのコピーを持たせ一〇〇キロ近く離れた街まで、朝一番の列車で買いにやらせた。ところが夕方になってもなかなか帰ってこない。

夜遅く戻ってきコックが事情を説明した。

「酒屋が私を信用せず、〝パスポートを何処かで盗んできたのだろう〟と警察に知らせ、留置所に入れられてしまったのです」

やがて疑いは晴れて釈放されたのだが、コックには気の毒なことをしてしまった。以後、インド滞在中のアルコールはいっさい諦めた。

そのほか日常生活で困ったのはトイレだ。当時のインドの列車トイレは、昔の日本と同じですべて垂れ流し方式。列車が走っているうちはともかく、待避線に何日も停まっている時は……。

不便な列車生活にも時には良いこともある。ある田舎駅の待避線に二、三日とどまっていた時のことだ。傍らにきれいな川が流れていて、そこに村の娘たちが毎日水浴びや洗濯にやってくる。それが車窓からよく見えるのだ。

濡れたサリーが体にぴったりまとわりついた娘たちの水浴姿は、健康なエロチシズムにあふれている。さながらインドの大自然の中で、ゴーギャンの画く南海の楽園を垣間見ているようだ。

デカン高原の現地調査が終わるころ､インド南部国鉄からマドラス州（現在のタミル・ナードゥ州）調査の依頼があった。今度は暑さを避け翌年の一月に出かけた。

マドラス州の州都マドラス（現在のチェンナイ）は緑の多い自然豊かな街で、いたるところで野猿が自由に遊び回わっている。

ある日、南部国鉄本社で仕事をしていた時、窓から一匹の猿が入って来た。猿は好奇心からか、私がやっと書き終えたばかりのレポートの一部をむしり取り逃げ去った。一緒に仕事をしていた国鉄職員にとっては、そんなことは日常茶飯事らしく、去る（サル）者は追わずと苦笑いするだけである。

マドラス州の調査で私の最大の収穫は、インド南部国鉄の若き技師長シャルマー氏と知己を得たことだ。たまたま彼と私は同い年だったこともあってすぐに親しくなり、公私にわたりいろいろと話が弾んだ。

週末にはマドラス市郊外の、庭に野生の鹿が遊びに来る豪邸に招待され、元有名映画女優の奥さんに紹介された。英国名門大学出のハンサムな彼に､似合いのインド美人だ。

当日は奥さんが大勢の使用人を指揮して作らせた、ベジタリアン料理をご馳走になった。椎茸、南瓜、ズッキーニなどの食材がかもし出す、野菜ステーキの多様な味に驚いた。とても野菜だけで作った料理とは思えない。

翌年、そのシャルマー氏が単身日本へやってきた。既に肝胆相照らす仲になっていた私は、「今度はオレの番」とばかりに、有楽町、新宿、浅草、深川とあちこち引き回した。中には奥さんに知られたくない場所もあった。

私はこれまで世界各国の人々と付き合ってきたが、シャルマー氏は公私にわたり私を最も信頼してくれた人の一人だ。今でもインドというと彼のことが真っ先に頭に浮かぶ。

最近、マドラスを舞台にした、二〇一七年下半期芥川賞受賞の石井遊佳著『百年泥』を読んだ。あの野猿が自由に駆けまわっていた街が、今や交通渋滞を背景にした小説の舞台になっていることを知り、あ然とした。

インドで間もなく日本の新幹線方式の高速鉄道建設が始まる。五十余年前のインド国鉄の実情を知る私にとっては、夢のような話だ。神秘の国インドは、様々な問題を抱えながらも、これからアメリカ、中国を超え世界一の大国への発展が予測されている。日本はこの親日国を、もっと大事にした方が良いのではないかと思う。

癒しの国タイ

それは一九九三年秋のことだった。それまでインドネシアの首都ジャカルタで、コンサル会社の取締役駐在所長をやっていた私に、タイの首都バンコクへの赴任命令が届いた。

仕事は、M商社が受注した、バンコクCATVプロジェクトの総括責任者だった。親会社から天下った社長と意見の合わなかった私を、日本へ戻さずインドネシアからタイへ横滑りさせる人事だ。辞令書の裏から「嫌なら辞めろ！」の文字が透けて見えそうだった。

無線技術者の私が、畑違いのCATVプロジェクトの総括責任者。まったく自信はなかったが、まだ娘が海外留学中で会社を辞めるわけにはいかない。数日間ビザ取得のため日本に立ち寄っただけでタイへ赴任した。

バンコクへ着任して驚いた。さすがは日本のトップ商社。ビジネス街の高層ビルにあるオフィスに個室を与えられ、手始めの仕事として現地社員を採用して欲しいという。早速英字新聞に募集広告を載せ、多数の応募者と面接した。その結果、優秀な大学卒社員を男女各三名ずつ、計六名採用した。

現地社員面接では当初、人選の失敗もあったが、最終的にこの六名の採用は大成功だった。全員仕事が良くできる上に、以前からの知り合いのようにチームワークが良く、私にもなついた。

昼食時には、度々彼らに唐辛子の効いた現地食の屋台へ誘われた。私も、残業を命じた時にはポケットマネーでマックのハンバーガーを買いにやらせた。これが大好評で、彼らは夜食が楽しみで残業をしていた。超過勤務手当をちゃんと支払ったのはいうまでもない。

六人の中で私が最も信頼したのは、全社員のリーダー格で、アメリカ名門大学出の中国系男子社員だ。彼の父親がタイ南部マレーシア国境近くの自宅で亡くなった時は、葬儀に招かれた。中国式葬儀にはマレーシア、シンガポール、インドネシアなど近隣諸国から大勢の親族が馳せつけた。つくづく華僑の強いネットワークを感じたものだ。

息子の勤める会社の上司とあって、私は葬儀の最前列に座らされた。バンコクからの航空賃やホテル代はすべて先方負担で、まるで賓客あつかいだ。

一方、社員の中で一番私になついたのは、その年大学を卒業したばかりの女子社員である。社員たちとの会食時には私の隣に座って料理を取ってくれ、繁華街の道路を横断する際には私の手を引いてくれる。残業で夜遅くなった時などは、マイカーで私をホテルまで送り届けてくれるなど、まるで父親扱い。ボーイフレンドにも紹介され、私は完全に「人畜無害」な存在だった。

このように社内の人間関係は非常に良かったが、客先のAテレコム社との仕事は相当厳しかった。毎週月曜日の朝、M商社が客先へプロジェクトの進捗状況を報告・協議する定例全体会議が開かれる。

客先の責任者はAテレコム社が技術提携する米国N電話会社のアメリカ人副社長。対するM商社側の総括責任者が私だ。

会議では双方から各十名、計二十名ほどが相対し、それぞれの中央にN電話会社の副社長と私が座る。私の左右には、工事を担当するN通建、KE社、F電工、S電工、N工事会社の工事長以下担当者が並び、会議全体を仕切るのが私の役目だ。

直前までインドネシアで仕事をしていたので事前準備も出来ず、最初は何をしゃべって良いのかわからずに進退きわまった。それまでの経験からこういう時は現場を把握することが第一と考え、毎日のようにバンコク市内の現場を見回った。電柱に登ったり、マンホールへもぐったりして工事の現状把握に努めた。当時私はまだ現職の役員だったので、そんな私の行動にM商社や下請工事会社も驚いた。

しばらくして、私が現場を一番よく把握していることを知ったN電話会社のアメリカ人副社長から言われた。

「工事中なにかあったら昼夜を問わずあなたに連絡するから、携帯番号を知らせて欲しい」

「それではわたしのプライバシーはどうなるのですか?」

と断ったら、さすが人権の国アメリカ、それ以上無理押しはしなかった。むしろこのことが契機になり、アメリカ人副社長との意思疎通がスムースになった。

M商社から本来のプロジェクト業務の他に、私には有難迷惑な申し出があった。下請工事会社五社とのコミュニケーションを円滑にするため、毎週末に彼らと一緒にゴルフをして欲しいというのだ。四の五の言わせず、一方的に有名ゴルフクラブのメンバーにされてしまった。

専用運転手付きの車は使い放題。初めのころは、週末でお疲れでしょうからとキャディを二人つけてくれた。一人は私の椅子と日傘を持ち、グリーン上で肩をもんでくれるなど、まさに王侯貴族扱い。

それほど気を遣ってもらっても、もともとゴルフなど好きではなかった私にとっては、たいへんな苦痛だ。毎週末総勢二十人ほどは集まるコンペ。総大将の私がやらなければコンペが成り立たないので、これも仕事の一部と考えぐっと堪えた。

そうこうするうち、私の下手なゴルフがシングル級もいる彼らの優越感を誘うのか、かえって皆から好感を持たれた。一方、私自身もだんだんのめりこんでいった。しまいには、日本人プロと二人でコースをまわるまでの気分になってきた。

ある時、仕事で私の補佐をしていたM商社の課長代理が『波多野賞』なるものを考え出した。各ホールで私より飛距離の短いプレイヤーからペナルティーを取り、それをコンペ終了後の賞品やパーティー代に充てるという案だ。

メンバーは、『波多野賞』というからには当然私がポケットマネーを出すのだと思っていたら、反対に自分たちが払わねばならないと知り、ぶんむくれ。「波多野さんなんかに負けるわけがない」と余計な力が入るせいかけっこう失敗も多く、潤沢な資金が集まった。

半年もするとゴルフの効果もあってか、それまでぎすぎすしていた下請業五社との仕事が円滑に回り始め、公私ともに生活が楽しくなってきた。

工事は順調に推移し、世界で初めてNHKテレビ番組が、海外CATV網に流れるようになった。お蔭で私は、帰宅後に一杯やりながら、日本シリーズの生中継を楽しむことができた。

バンコクCATVプロジェクトが予定通り終了し、M商社はタイ北部都市チェンマイでも同様な仕事を受注した。引き続き私に総括責任者をやって欲しいと頼まれたが、丁重に辞退した。

私の先輩にあたる東京の電気通信コンサル会社の社長から、しばらく南米コロンビア電話会社の技術顧問をやらないかとの国際電話が入ったからだ。

ちょうどバンコクの仕事に区切りがついた時だったので、二つ返事で引き受けた。これを機会に、若いころ打ち込んだスペイン語を、もう一度初めからやり直したいと思った。

M商社とは円満に話がつき、もともと居心地の悪かった所属会社へは直ちに辞表を出し、一週間後にコロンビアへ飛んだ。

三年半後、コロンビア業務終了とともに、先輩の跡を継いで社長に推された。会社経営にあたっては、タイで培った内外の人脈が、計り知れない貴重な財産となった。

断食のすすめ

一九八八年、世界最貧国アフリカ、スーダンでの話。政府開発援助の仕事で滞在していた街から、二〇キロほど離れた砂漠のオアシスに、小さな村があった。ある日、村長からラマダン・ブレックファスト（断食明けの夕餉）に招待された。

荒涼とした砂漠の夜道をジープに揺られ、指定された月の出時刻にオアシスへ着いた。村の広場には大きなカーペットが敷かれ、村長をはじめとする男たちが十人余りあぐらをかいて座っている。

私たちの到着を待ちかねたように、女たちが次々と料理をカーペットの上へ運んでくる。羊肉、鶏肉、魚（ナイルパーチ）、野菜サラダ、焼きソバ、焼き飯と、たいへんな御馳走だ。運ばれてきた料理を、男たちは何のあいさつもなく一斉に食べ始める。私たちにも「一緒に食べろ」と目で合図をする。男たちは終始無言で、ただひたすら食べている。何とも異様な光景だ。その間たったの十五分。食べ残った皿は女たちが、次々とうしろの方で待っている子供たちのところへ運んで行く。

空腹が収まった男たちは、煙草をふかしながら、とめどもないおしゃべりを始める。灼熱の砂漠で日中は水さえ飲めない、辛い一ヵ月が終わり、村民みんなで食べる喜びをかみしめているようだ。

翌朝早くからの仕事のこともあり、適当なところでお礼を言って宿へ向かった。砂漠の空に月が冴えていた。

スーダンの他、私は同じ回教国インドネシアの地方調査でもラマダンに出会い、昼の間食べ物が手に入らず何日か断食したことがある。断食の目的のひとつは、食べ物に対する有難みを感じさせるためと言われている。

翻って日本である。先日、恵方巻の売れ残りが大量に廃棄されている、というメディア報道があった。農水省はこの問題を受けて、スーパーやコンビニに対し、食品廃棄の削減を呼びかけたとのニュースを聞き、あ然とした。世界中どこに、政府が業界に対して「食べ物を大切に！」などと、子供に対するような指導をしている国があるというのだろう？

日本の「食品ロス」は年約六三〇万トンに上るとのこと。これはアフリカなど飢餓に苦しむ国々に向けた、世界の食料援助量の二倍を上回っている。

飽食ニッポンでは、テレビをつければ必ずどこかのチャンネルで料理、グルメ番組をやっている。世界二十数ヵ国で暮らしたがこんな国は日本だけだ。

私は回教国でラマダンに出会うたびに、日本でも年に一ヵ月くらいは断食してはどうかと思った。過飲食による生活習慣病が減り、膨らむ一方の医療費が節減できること間違いない。

「ボロは着てても、心は錦」

かつてアメリカ大陸への奴隷貿易の拠点だった、西アフリカのガーナ。一九五七年の独立以来、軍事クーデターなどはあるものの、大きな内戦、トラブルはなく、アフリカでもっとも平和な国として知られている。

一九八三年、そんなガーナへ、円借款通信プロジェクトの技術者として出張した。当時、ガーナの首都アクラのプロジェクト事務所では、三人の現地人運転手を雇っていた。みな貧しく、洗いざらしのシャツを着ていたり、鼻緒の切れかかったゴム草履を履いていたりした。三人とも多くのガーナ人がそうであるように、人なつっこく底抜けに明るい。

そのうちの一人に、専門学校卒のウイリアムという二十一歳の青年がいた。彼は外見に似あわぬ大のインテリで、運転の待ち時間を利用しては、英文週刊誌『タイム』をしきりに読んでいる。

英語を第二言語としているガーナなので、若者が英文誌を読むことなどそれほど珍しくはないが、問題はその中味だ。日本には『タイム』に相当する日本語週刊誌がないので、直接比較ができない。しかし専門学校卒クラスの若者が、硬派な政治・経済誌を読んでいる風景に出会うのは珍しい。

プロジェクト事務所で使っていた門番の少年は、革命評議会の末端組織の一員だった。彼は庭を掃除しながら、世界の政治経済について堂々の論陣を張っていた。

もちろんガーナのすべての運転手や門番が『タイム』を読み、世界政治を論じている訳ではない。ただ、そういう若者たちがいるガーナ社会と、当時の日本社会との落差をつくづくと感じた。

多くの老若男女がスマホに現《うつつ》を抜かす今の日本と比較すれば、その落差はいっそう大きくなっていること間違いない。

ガーナは経済的には貧しい国だが、国民の知的レベルは高く、友好国であるリビアに多数の中学・高校の先生を送りだしている。

「ボロは着てても、心は錦」という言葉がある。正にその言葉を地でいくガーナ人にわが身を照らし、反省すること頻《しき》りだ。

私の帰国が迫り、是非欲しいというので、さしあたり身に着けるもの以外の衣類や日用品を、運転手や門番たちに分けてあげた。

さすがに下着まではどうかと思ったが、「それもください」と言うので、メイドにきれいに洗濯させてから渡した。四人ともたいへんな喜びようだった。

帰国当日、アクラ空港で私の乗った飛行機が飛び発つまで、いつまでも手を振り続けていた彼らの面影が目に焼き付いている。私の数多い海外出張の中で、門番の少年までが空港に見送りにきてくれた例は外にない。

コロンビア 悲喜こもごも

一九九六年秋、日本・コロンビア合弁会社の技術顧問として、首都ボゴタへ赴任した。私の最初の仕事は自分の秘書を選ぶことで、何人もの候補者と面接した。コロンビアでは珍しく、英語のよくできる国立教育大学卒の優秀な女性を採用した。

慎重に採用しただけのことはあって、真面目で勤務態度はきわめて良い。日常業務に加え、私のスペイン語をチェックしてもらうなどして、彼女の働きにはたいへん満足していた。

ところが一年後に「事件」が起きた。私の日本一時帰国中に、突如秘書が解雇されてしまったのだ。日本から戻ってそのことを知り、「何故直接上司である私に断りもせず解雇したのですか？」

と日本人社長に訊くと、コロンビア人副社長が、あえて私の留守を狙って解雇したことがわかった。

解雇の理由は二つあった。ひとつは私の存在だ。彼は、それまで下請業者と結託して、契約書を勝手に解釈し、自分の思うままに会社を動かしていた。

それが、私が来てまさかと思っていたスペイン語契約書をチェックし始めた。身の危険を感じた彼は、私の分身ともいえる秘書を解雇し、私の失脚を狙ったのだ。

もうひとつの理由は、私の留守中秘書に言い寄ったが、彼女に拒否されたのでその腹いせだ。日本から戻った私に秘書が泣きながら訴えたのでわかった。

当時、女性社員が上司からセクハラを受けても泣き寝入りで、副社長に逆らうなどとは、もってのほかのことだった。

「秘書を私に戻さなければ日本へ帰ります」

と言って社長とかけあった結果、秘書は無事に復職することができた。彼女が狂喜したのはもちろんだが、これには会社中が驚いた。副社長の決定を覆した人間など今まで誰もいなかったからだ。

間もなく、下請業者との癒着が明るみになり、副社長は日本本社の命令で解雇されてしまった。

カルタヘナはカリブ海に面した、中世の面影を残す美しい街だ。ここで毎年全国二十一州えりすぐりの美女たちの中から女王を選ぶ、ミスコンテストが行われる。私はかつてこのコンテストに審査員随行者として招待されたことがある。

当時、私の勤務する合弁会社は、カルタヘナ市へ大規模投資をしてインフラ整備を行なっていた。市当局はこの投資に謝意を表して、恒例の美人コンテストの五人いる国際審査員のうちの一人を、合弁会社から出して欲しいと言ってきた。

五人の審査員の顔ぶれは、コロンビアの有名映画スター、メキシコ人映画監督、ペルー人女性キャスター、コロンビア人テレビディレクター、それにわが合弁会社役員などだ。

五千人は入る市民ホールの中で、日本人は審査員の合弁会社役員と私の二人だけだ。タキシード姿の私には、舞台近くに設けられた審査員席脇に、特別席が用意されていた。目の前の、全国二十一州から選出された名だたる美女たちが放つフェロモンと、大観衆の熱気にくらくらするばかりだ。

コンテストの雰囲気は日本とはまったく違い、殺気立っている。日本の美人コンテストは一種のお祭りで、誰がミスになろうがみんなが選ばれたミスを祝福する。

コロンビアでは、コンテストはお祭りではなく、ミス候補者を送り出した各州間の戦いだ。時には審査結果をめぐって激しい対立が起こる。この時も、本命候補者を擁しながらわずかの差で負けた州が、審査結果を不服として激しく抗議した。

「審査員の中に、コンテストの審査方法を知らない素人が一人混じっている」

と言って騒ぎ立てた。その素人がわが合弁会社役員を指しているのは言うまでもない。

コンテストは日本の紅白歌合戦を思わす国民的行事で、全国にテレビ中継されている。中継が終わったとたん、負けた州の応援団がいっせいに審査員席に詰め寄った。

あわや暴力沙汰になる寸前、警官に守られた五人は、あたふたと私の前を通り会場から避難した。

コロンビアでは美人コンテスト審査員など、鼻の下を伸ばして気軽に引き受けるものではない。時には政治問題になったり、裏でマフィアがからんだりすることがある。

当日の騒ぎはテレビには映らなかったので、いま舞台裏を知っている日本人は私一人だけだ。

どこの国の場合でもそうだが、コロンビアでも初めのうち合弁会社幹部は、

「日本からいったい何しにやってきたの?」

と、私に対して疑心暗鬼だった。それが一年たったころから、少しずつ変わってきた。客先であるコロンビア政府機関のプロジェクトマネージャー(PM)が、私のことを信頼してくれるようになったからだ。週末にはたびたびボゴタの自宅へ招かれ、奥さんの手料理をご馳走になった。

言葉、ビジネス習慣の違う海外では、客

アンデス高原での送別会(左から二人目が筆者)

先の信用を得ることがなかなか難しい。これを契機に社内の私の立場が格段に良くなった。有能な秘書の協力もあって、仕事がスムースに動き始め、あっという間に契約の三年半が過ぎてしまった。

私の帰国が迫ったある日のこと。ＰＭが、私の送別会をアンデス高原にある合弁会社幹部の山荘でやると言ってきた。好きな料理を遠慮なく注文して欲しい、とのこと。私はバカのひとつ覚えで、パエージャを頼んだ。気軽な気持ちで注文したのだが、ＰＭはこれを真剣に受け止めたようだった。

知り合いのスペイン人シェフに一日がかりでボゴタ市内から食材を集めさせ、当日、パエジェーラと呼ぶ大鍋とともに、山荘へ持ち込んだ。

初めは野外キッチンで薪を使い、大鍋を加熱した。しかし山荘が標高二千メートル余りのアンデス高原にあるためなかなか鍋が沸騰《ふっとう》しない。

最後は私も手伝った。鍋を屋外に持ち出して木炭をバーナーで点火し、半日がかりで調理した。さすがに本場スペインのプロ料理人が、自ら選んだ食材を使い、大鍋でじっくり煮込んだパエージャ。澄み切ったアンデスの空の下、都会のレストランなどでは味わえない、特別のスペイン料理だった。

パエージャの味もさることながら、私一人のために家族を含めて二十人近くの会社関係者が集まってくれた送別会だ。彼らの友情は、生涯忘れることができない。

後になり本場スペイン・マドリードの有名レストランで、パエージャを注文したことがあるが、味はあまり覚えていない。どんな高級料理よりも、心のこもった膳立てがなによりのスパイスになったようだ。

アンデス高原での盛大な送別パーティーも済み、いよいよ日本へ帰国することになった。帰国当日、ボゴタ空港でちょっとしたドラマがあった。

思いもかけず、秘書が見送りに来ている。私を見るなりいきなり泣きながら胸に飛び込んできた。前年ニューヨーク留学中の娘が遊びに来た時、親しくなっていたので、きっと父親と別れるような気がしたのだろう。

いつもは冷静な彼女だけに意外だった。ラテンアメリカ女性の情熱を垣間見た気がした。後ろの方で、どういうわけか彼女についてきた父親が心配そうな顔をして見ていた。

別れ際にそっと手渡された手紙をニューヨークへ向かう機内で読み、彼女の気持ちがよくわかった。やはり一度副社長に解雇された彼女を私が復職させたことが、よほど嬉しかったようだ。心から尊敬、感謝していると書いてあった。

それから一年後、彼女からメールをもらった。合弁会社の妻子あるコロンビア人社員に、「結婚するから」と言われ弄《もてあそ》ばれたうえ、会社までクビになってしまったという悲痛な内容だった。

国立大学出のインテリ女性だったのに、どこで魔がさしたのだろうか。持ち前の美貌が仇《あだ》になってしまったとしか思えない。

涙ながらのメールだったが、地球の裏側の日本からではどうすることもできない。私が採用したばかりに狂ってしまった彼女の人生を思うと、今でも胸が締めつけられる思いだ。

運転手アルフォンソ

アルフォンソは、私のコロンビア電話会社技術顧問時代の専属運転手だ。三年余りの在任中、公私ともに世話になった中年のコロンビア人である。

朝夕の通勤時の送り迎えはもちろん、休日のゴルフなど私用にも嫌な顔ひとつせず付き合ってくれた。日本から家内や友人たちが遊びに来た時も、ニューヨーク留学中の娘を休暇で呼んだ時も、いつもアルフォンソの世話になった。

どこの国の場合もそうだが、単独行動が不自由な海外では、いちばん頼りになるのが運転手だ。それだけに彼らとの付き合い方には充分気を配る必要がある。休日のゴルフ送迎などで公私混同したりすると、ちゃんと見ているのだ。こちらがそれなりの人間だと判断されてしまう。

当然のことながら休日ゴルフの時は、自費で割増時間外手当やガソリン代などを支払った。現地調査時の食事はいつも一緒だ。日本から妻が来た時は、アルフォンソにも同席してもらった。ただ私も妻も、彼の好きなゴム草履のように硬いステーキのお付き合いだけはできなかった。

電話需要調査のため、たびたび反政府ゲリラの出没する山村へ出かけた。安全確保のため、イギリスの警備保障会社コントロール・リスク社の武装民兵に守ってもらったこともある。そんな時、サッカー選手でもあるアルフォンソがそばにいてくれると心強かった。

たいへん頼りになるアルフォンソだが、肝心の車の運転が荒っぽいのが最大の欠点だった。何度か注意していたのだが、どうしても運転には性格が出てしまう。

ある時、地方調査の帰途、国道上でスピードを出し過ぎた。対向車を避けようとして急ブレーキをかけ、道路わきの畑へ突っ込み横転してしまった。幸い私にもアルフォンソにも怪我はなかったが、問題は事後処理だ。

新車のブルーバードが大破する事故だった。真相が会社へ伝われば即刻クビになってしまう。幸い交通量の少ない地方の国道だ。目撃者はおらず、警察の耳にも入っていない。

私も会社幹部の一人である。あまり良いこととは思わなかったが、会社には対向車の無謀運転が原因だと報告し、アルフォンソは不問に付された。本人が欣喜雀躍《きんきじゃくやく》したことはもちろんだが、同じ会社で働いている奥さんが何度もお礼を言っていた。

三年あまり世話になったアルフォンソとも別れる時がきた。彼の体つきは私とほぼ同じだったので、それまでに使っていたスーツやネクタイをあげた。帰国当日、嬉々として私のお古を身に着け、ボゴタ空港まで見送りに来てくれた。秘書と二人、いつまでも手を振っていた姿が今も目に焼き付いている。

II

海外つれづれ

コロンビア・アンデス高原山荘にて（前列中央が筆者）

ジャカルタの月下美人

ジャカルタ空港へ降り立つと、どこからともなく、丁子《ちょうじ》の甘い香りが漂って来る。いつ行っても「ああ、またインドネシアへ戻って来たなあ」と思う。心が鎮まる香りだ。そんなインドネシアで五十年近く前、初めて月下美人に出会った。

ジャカルタで政府開発援助の仕事をしていたある週末のことだ。奥さん同伴で駐在勤務していた先輩社員から、「波多野君、今夜あたり家の月下美人が咲きそうなので見に来ないか」と誘われた。

今でこそ日本でも月下美人は珍しくなくなったが、当時はまさに幻の花で、簡単にはお目にかかれなかった。そんな珍しい花を見られるとあって、喜び勇んで招待にあずかることにした。

そのころのジャカルタは、表通りを一歩裏道へ入ると街灯もまばらで、低い街並みの彼方に南十字星が瞬いていた。そんな夜道を部下と二人でベチャ（インドネシアの人力車）に乗り、閑静な住宅街にある先輩宅へ伺った。

お宅では大歓迎され、気さくな奥さんの手料理をご馳走になりながら、鉢植えされた月下美人が開花するのを待った。

待つことおよそ二時間。そろそろ日付も変わろうとするころ、甘く気持ちのよい香りが漂ってきた。そして、神秘的な開花の一瞬が来た。スローモーション画像を見ているように、少しずつ白い花弁が開き始めたのだ。

思わず息を呑んだ。開花しているのはわずか一時間足らず。まもなく「私精いっぱい生きたのよ」と言わんばかりに頭をだらりと垂れ、しぼんでいく。精根尽き果てたその姿は何ともいじらしく、思わずほろっとしてしまう。まさに美人薄命を地でいくような花だ。

歳月が流れてそれから数十年。現在の横浜のマンションへ移った時、はからずも妻の友人に分けてもらった月下美人が、いまもベランダで咲き続けている。

月下美人の花言葉は「はかない美」「繊細」「ただ一度だけ会いたくて」など、とてもロマンチックでいてどこか寂しい。花のはかない美しさに惹かれ、下手な句を詠んでみた。

払暁《ふつぎょう》に月下美人の逝くを見つ

ジャカルタで月下美人を見に来るよう誘ってくれた先輩は、数年前に亡くなった。お通夜の席で、奥さんと月下美人の話をしながら故人をしのんだ。

先ごろ久しぶりにジャカルタを訪れる機会があった。空港に丁子の香りはなく、街には高層ビルが林立し、とうの昔にベチャは姿を消していた。自らも一員となって進

ベランダに咲いた月下美人

めて来た開発の当然の結果とはいえ、一抹の寂しさを禁じえなかった。

私も先輩の亡くなった歳を越した。そのうちあちらの世界で再会し、南国の夜の月下美人談義に花を咲かせるのが楽しみだ。

ある決断

ボルネオ島カリマンタンとジャワ島は、ジャワ海によって四〇〇キロ隔てられている。一九七〇年、世界銀行の融資で両島を結ぶマイクロ波電話回線計画が持ち上がり、そのコンサル業務を私が担当することになった。

それまで両島間には、きわめて品質の悪い、一日に数時間しか使えない短波回線が一回線あるだけだった。マイクロ波回線が完成すれば、一般電話と同じ品質の市外電話回線が大幅に増えることになる。

しかし、マイクロ波は光の見通し距離約五〇キロまでしか届かない。四〇〇キロのジャワ海を越すには、大電力の見通し外マイクロ波回線方式によるしかない。それにしても最大到達距離はせいぜい二〇〇キロだ。

そこで世界銀行は、到達距離二〇〇キロの見通し外マイクロ波回線を、ジャワ海のちょうど真中に位置する無人島（マサレンボウ島）で中継する案を考えていた。

私の所属する会社が初めて受注した、世界銀行融資の本格的なコンサル業務だ。三十六歳の私は燃えた。若い部下のS君とともに、現地調査の拠点、インドネシア第二の都市スラバヤへ飛んだ。

ジャワ島側の現地調査は予定どおりに終わり、マサレンボウ島行きのインドネシア空軍のヘリコプターを待った。

しかしあいにく季節は雨季。毎日低い雲が垂れ込め、いつまでたっても、ヘリコプターが飛んでくれない。悪天候の中、二〇〇キロの海上飛行は危険なのだ。天候回復を待ちながら、スラバヤの宿で考えた。

「こんな状況では、例えマイクロ波回線が開通したとしても、無人島の中継所保守はできるのだろうか？」

天候がなかなか回復しないので、ひとまず島の調査を打ち切り、カリマンタン側の拠点バンジャルマシンへ飛んだ。飛行機の窓から遥か下方、雲の合間に、ジャワ海に浮かぶマサレンボウ島が見える。なんとかこの孤島を中継せず、直接ジャワ〜カリマンタン四〇〇キロを結べないかと考えた。

四〇〇キロは世界銀行原案二〇〇キロの二倍だ。パソコンはもちろんのこと、関数電卓もなかった当時、計算尺と対数表だけを頼りに回線設計の試行錯誤を重ねた。

その結果、ジャワ〜カリマンタン両端の無線局位置を適正に選び、高性能の無線機器を使えば無中継でなんとかいけそうだ、ということがわかった。

検討結果に確信があるわけではなかったが、客先インドネシア通信公社へは世界銀行案の代案として報告し、ひとまず帰国した。

日本帰国後、元の職場NTTの先輩から同社通信研究所の、この分野研究の第一人者A氏（後に工学博士）を紹介してもらい、研究室へ日参した。一方、日本の通信機トップメーカーN社の技術陣ともハードウエア開発について協議した。

アメリカ・ベル研とともに世界に冠たるNTT通信研究所と、マイクロ波通信機器輸出で世界を席巻しつつあったN社。その両社から、「波多野さん、四〇〇キロはいけると思いますよ。やりましょう！」と、頼もしい返事をもらった。

私は決断した。早速インドネシア通信公社へその旨報告し了承された。

間もなくジャワ～カリマンタンで世界初の、四〇〇キロ見通し外マイクロ波回線の、半年にわたる実証実験が始まった。実験は成功裡に終わり、実験結果をもとに仕様書を作成し、バンドンで国際入札が行われた。

入札には日本、欧米などから五社が参加し、競争は熾烈《しれつ》をきわめた。最後までつばぜりあいが続いたが、このプロジェクトのために開発した新技術が決め手になり、日本メーカーN社が受注した。

私はこのプロジェクトが完成するまで足かけ五年間、コンサル責任者としてかかわった。通信公社総裁が出席し、スラバヤで行われた回線開通セレモニーに私も招待された。総裁とカリマンタン首長との間でダイアル記念通話が行われたが、もしつながらなかったらどうしようかと、冷や汗たらたらだった。

そのころ日本の無線通信技術は世界最先端をいき、私も通信機器輸出の先兵として全力投球した。このプロジェクトは、私の三十年余りにわたる海外コンサル業務の原点となる。

なにか問題が生ずると、必ずこのプロジェクトに立ち返り考えた。この仕事をとおして、自由な発想の大切さと、そのためには、日ごろからの幅広い技術力の蓄積が不可欠なことを学んだ。

二〇一九年、インドネシア政府は首都をジャカルタからカリマンタンへ移転すると発表した。オランウータンの生息地が、東南アジア有数の大都市に変貌する日も遠くない。

電波と気象

天気予報には、流体力学の研究成果を反映させて作られた基礎方程式がある。この方程式には気温や気圧など気象要素が盛り込まれていて、複雑な大気の動きや海洋の影響などを考慮して予報を行っている。

同様に私が専門とするマイクロ波無線通信の分野にも、気象と電波の伝わり方についての関係式がある。マイクロ波は大気の屈折により、光の見通し外まで伝わるが、その到達距離は上空二点間の大気屈折率の傾きにより大きく変化する。つまり大気屈折率傾度の変化の仕方（分布）がわかれば、マイクロ波の正確な到達距離がわかり、適格な無線通信機器の設計ができるわけだ。日本ではＮＴＴ通信研究所（通研）が長年の膨大なデータを解析し、電波の伝わり方と気象の関係式を算出していた。ただ、この関係式は気象観測の詳細なデータの整っている日本など、限られた地域だけに適用できるもので、世界的汎用性は立証されていなかった。

そんな背景の中で一九六〇年代、私は海外諸国のマイクロ波回線設計業務に携わることになった。データ不足でどう設計したらよいのか迷い、日本の関係式を算出した通研のA氏を訪ね、教えを乞うた。A氏から海外諸国のマイクロ波回線の設計をするには、その地域の高層気象データ（ラジオゾンデ・データ）を解析し、大気屈折率傾度の分布を推定することが必要、との提言があった。

一九六九年、メキシコ全土のラジオゾンデ・データを収集した。パソコンのなかった当時、会社から三〇〇万円ほど支出してもらい、大型計算機（メインフレーム）を使い、大気屈折率傾度の分布式を算出した。

その後、インドネシアとシンガポールでも両国気象庁の協力を得てラジオゾンデ・データを収集・分析した結果、同様な結果が得られた。

一九七四年、私はこの成果を早速、インドネシアのスマトラ島をインド洋側からマラッカ海峡側へ横断するマイクロ波回線設計に応用した。スマトラ島中央部は樹高五〇～六〇メートルの大木が密生するジャングル地帯で立ち入ることが出来ない。調査にはヘリコプターを使ったが、この時決め手になったのが電波気象応用による、空中線鉄塔高推定法だった。

こうしてA氏の提唱した電波気象関係式は、日本のみでなく、世界的に汎用性があることがわかり、この結果を私との連名で国連専門機関ＩＴＵにレポートとして提出し、採諾された。

間もなくA氏は、この研究成果をベースにした博士論文をJ大学に提出した。私も共同研究者として公聴会に招かれたが、海外出張の予定があったので、部下に出席してもらった。公聴会で部下が、この論文は単なる机上理論ではなく、実際に海外諸国で応用されていることを具体的に説明した。その効果もあってA氏には工学博士号が授与された。

あれから四十年余り。現在、日本国内ではＮＴＴマイクロ波回線は、既に光ファイバー回線にその役目を譲っている。空いた周波数帯は、携帯電話をはじめとする移動通信に使われている。しかし、防衛省では、軍事通信の性格上、依然としてマイクロ波回線は、日本全国の基幹伝送路として健在だ。

現在でもその設計基準に、若き日のA氏と私が提唱した、電波気象理論が応用されていることを知る人は少ない。この新年に、A氏が昨秋亡くなられたとのご挨拶を、奥様からいただいた。マイクロ波通信回線黄金時代の立役者が、また一人舞台から退場した。

あのころGPSがあったら！

マイクロ波には光と似た性質がある。丸い地球に沿って約五〇キロまで到達するが、それ以上の距離では中継する必要がある。例えば東京～大阪間は約五〇〇キロあるので、九回中継しなければならない。

マイクロ波無線回線の設計は、まず第一に正確な中継所位置、つまり緯経度を測量することから始まる。日本のように全国の正確な地図が整備されている場合は、容易に地図から算出できる。しかし途上国では必ずしも正確な地図があるとは限らない。

一九七三年、インドネシア政府からスラウェシ島のマイクロ波回線置局調査を依頼された。島の面積は日本本州のほぼ八割。島の中央部には標高三〇〇〇メートル級の山々がそびえている。火山活動が活発で、昨年、島の中央部パルで大規模地震が発生し、甚大な被害を出したことは記憶に新しい。

当時、スラウェシ全島の緯経度の入った地図がなく、その地域の調査をどう実施するかが大きな課題だった。そんな折、新技術セミナーで、ソニーが衛星電波による全地球測位システム（ＧＰＳ）を開発中との話が耳に入った。インドネシア渡航準備中だった私は「これだ！」と思い、早速ソニー厚木研究所に飛んで行き、開発中の技術者に会った。ソニーは当時、神奈川県の国道二四六号でＧＰＳの実証実験中で、その精度はまだ道の両側の判別がなんとかつく程度のものだった。それでも正確な地図のないスラウェシ島では強力な武器になる。真剣に導入を検討した。

しかし開発中の機器が、車一台で運ばねばならぬほど大きく、とても峻険《しゅんけん》なスラウェシ山中に持ち込むのは無理だとわかった。

航空測量による地図作成も検討した。これも、作成費が予算をはるかに超過するので諦めた。インドネシア総人口の約五〇パーセントが集中するジャワ島と異なり、スラウェシ島はまだまだ未開の地だ。いったん町を出れば夜露をしのぐ宿もなく、山中に野営するなど調査は困難を極めた。結局、置局調査は、部分的に正確な地図のある島の中央部までで中断してしまった。

そうこうするうちに、世界の通信技術は地上マイクロ波回線から、衛星通信や光海底ケーブル方式へと大きく変わっていった。やがてスラウェシ島にも、アメリカや日本の手で光海底ケーブルが敷設された。マイクロ波回線の空いた周波数帯は、携帯電話に代表される移動通信へと割り当てられることになる。

あれから四十年。技術の進歩は目覚ましく、今やGPSはスマホに組み込まれるほど小型、軽量で安価になった。最近では迷子ペットの追跡にも使われているという。便利な世の中になったものだ。だが私は、徘徊老人になりペット並みに管理される前に死にたい。

カリブ海の『楽園』

スペインが新大陸に建設した、最古の植民地ドミニカ共和国。首都サントドミンゴ旧市街の高台から見渡す、カリブ海の景色は息を呑むほど美しい。紺碧の海を行き来するクルーズ豪華客船の優美な姿は、異国への限りない旅情をそそる。

そんなドミニカで通信インフラの現地調査をしていた時のことだ。現地政府関係者に、日本人移民入植地跡を案内されて驚いた。現場は水のまったく出ない、岩石の露出した急斜面である。何百年開拓したところで、絶対に農地にはならない場所だ。

絶望したほとんどの人がブラジルやパラグアイへ再移住したり、日本に帰国したりした。わずかな人たちが踏みとどまりほそぼそと生活していた。私がサントドミンゴで出会った中年女性は、商用で訪れる日本人相手に、自宅で簡単な日本食を提供したりしてなんとか暮らしていた。

その他、ウナギの養殖をしてブラジルなどへの輸出を試みた人もいたが、規模が小さかったため失敗に終わったとのこと。

日本政府の戦後の人口増対策と、勤勉な日本人に来てもらいたいドミニカ政府の思惑が一致して実現した移住計画だ。現地側はもともと狭い国土に移民用の土地などないのを承知の上で、計画を推し進めた。

またそんな現地をろくろく調べもせず、カリブ海の「楽園」などと言って、日本政府は移民を募集した。双方の無責任なやり方が、「棄民」と言われた日本移民史上最悪の結果を招いた。

あの時、現地日本大使館のだれか一人でも現場を見ていたら、こんな悲惨な結果にはならなかったはずだ。

私も現地へ行くまで、こんなひどい歴史があることを知らなかった。帰国後間もなくして、ドミニカ移民問題は補償を巡って大きな政治問題になった。

最終的には一九九三年、国際協力事業団（現ＪＩＣＡ）から移民への融資というかたちで解決した。

その金が桁違いに多額であったため、融資額をプエルトリコの銀行に預け、その利子で生活する人間も出てきて、人心を荒廃させてしまったと聞いた。

私の仕事の方は順調に推移したが、移民入植地跡を見たショックはいつまでも残った。

蛍二題

通信インフラ調査で一九七三年、インドネシアのスラウェシ島へ渡った。スラウェシ島は島の中央部に三〇〇〇メートル級の峨々《がが》たる山脈が走り、道路は途中で途切れている。

地図も等高線や緯経度の入った正確なものがない。GPSがまだ実験段階だった当時、自分がどこにいるのかわからず、調査は困難をきわめた。

街を一歩離れると宿はなく、たびたび山奥の村長さんの家に泊めてもらった。だれもみな親切で、自分は土間に寝ても客にはベッドを提供してくれる。一宿一飯のお礼として、当時出始めたばかりのポラロイドカメラで一家の記念写真を撮り、その場でプレゼントして喜ばれた。

村落もない山中では、携行したテントを張り野営した。ある日、近くに一夜の宿を乞う人家も見当たらないので、水場に近い、見晴らしの良い峠にキャンプした。夜中にテントの外がひどく明るいので「もう朝か？」と思い外へ出てみて驚いた。テント全体が明滅する光の塊に包まれている。あたり一帯に星が瞬くような光が乱舞していて、昼間とはまるで別世界。それが蛍だとわかるまでしばらく時間がかかった。

これほどの蛍の大群舞は、後にも先にも見たことがない。二年前の夏、伊豆狩野川へ蛍狩りに行ったが、蛍の数がまるで桁違いだ。

日本の蛍名所では一万匹の乱舞が見られる場所もあるとのことだが、スラウェシ島の蛍はおそらくそれ以上だったに違いない。生涯忘れられない光景となった。

場所は変わって、西アフリカはガーナの首都アクラでの話。街の一画に旧英領時代にイギリス人が住んでいた、東京でいえば田園調布にあたる瀟洒な住宅街がある。われわれはそのうちの一軒を借り、一九八三年、ＯＤＡコンサル事務所兼宿舎に充てていた。

当時ガーナはインフレがひどく、仲間と一緒に外食する時にはアタッシェケースに札束を詰めて行った。市場へ買い出しに行っても、しなびたジャガイモや腐れかかったトマトぐらいしか手に入らない。

そんな耐乏生活を送っていたある夜、仲間の一人が、「事務所の近くで蛍が見られるので行ってみよう」とみなを誘った。事務所は住宅街の真ん中にあるので、周りに蛍が見られるような川や池などはないはずだ。不審に思ったが何しろ夜はほかにやることがない。とにかく行ってみることにした。

なるほど、事務所から十分ほどの空き地にかなりの数の蛍が明滅している。よくよく見ると草地のなかをチョロチョロときれいな水が流れていた。

「こんな住宅街の中に湧き水が？」

と不審に思い持参した懐中電灯で水源を探っていくと、破損した水道管につきあたった。

当時のガーナ経済事情から、アクラ市当局は、一住宅街の水道管の破損修理まで手が回らなかったようだ。それにしても蛍が発生するまで長い間放っておくとは……。お陰で人口二百万余の大都会の片隅で、思わぬ風物詩に出会うことができた。

西洋人は幻想的に明滅する蛍を見てもさしたる感慨はないようだ。なにしろ英語では蛍のことを光るハエ（firefly）と、ハエ扱いしているので……。仏語や英語に蛍という単語がでてくるのは十七世紀以降らしいが、日本では既に万葉集に登場している。

奈良時代、人々は蛍に静かに燃える恋心を見た。現代では、蛍になって帰って来たという特攻隊員の悲話を重ねる。アメリカ国籍の孫娘が将来、蛍をハエと同一視しないことを祈るのみである。

ケープコースト城の悪夢

西アフリカ・ガーナのケープコースト城。大西洋に面したこの陰惨な城は、かつてアフリカ奴隷貿易の拠点だった。一九八三年、ＯＤＡの仕事でガーナへ行った時、休日を利用して訪れた。

ケープコースト城は、アフリカで集められた奴隷たちを一時的に収容する場所だった。彼らは排泄物垂れ流しの、狭い石組の牢屋にすし詰めにされたのだ。まさに家畜以下の取り扱い現場を見て吐き気がした。

ガイドの説明によると、白人牢番は若い美形の女奴隷を慰み者にし、獣欲を満たしたあとは目の前の海へ捨てたとのこと。牢屋の扉にはDoor of no return（二度と戻れない部屋）と書いてある。

一七～一八世紀、イギリスから運んできた雑貨、武器などを降ろした船に、奴隷たちが積み込まれた。彼らは一寸のムダもなく、まるで食器棚の食器のように整然と並べられた。生き地獄と化した船内で、目的地へ着くまでに三分の一が死亡したという。奴隷商人の中には白人ばかりではなく、相当数の黒人がいたというから、問題はそう単純ではない。

私はかつて、奴隷たちが運ばれていった、西インド諸島の拠点ハイチへ行ったことがある。今でも世界最貧国のひとつに数えられている黒人国家だ。かつて毎年三万人の黒人奴隷が、ケープコーストなどアフリカから、ハイチのコーヒー・プランテーションへ送り込まれた。

ハイチで黒人奴隷を降ろした船は、タバコや綿花などの産物を積み込んでイギリスへ向かう。いわゆる空荷なしの三角貿易である。イギリスはこの三角貿易の利益を蓄積し、産業革命を推進した。

奴隷の一部はアメリカ南部へと再輸出され、綿花のプランテーションで働かされることになる。映画『風と共に去りぬ』に見られるように、アメリカは綿花栽培により巨万の富を手に入れ、今日の繁栄の基礎を作った。

ハイチを含む西インド諸島が「ニグロの汗を胎《はら》に受け、欧米人の〝神々の食事〟を熟させた」といわれる由縁《ゆえん》だ。長年アフリカと欧米諸国の間を行き来してきた私には、この言葉の意味がとても良くわかる。

そのような歴史があることを知ってか知らでか――知らぬはずはないが――米トランプ大統領はハイチを難民問題にことよせて、「クソ国家！」と呼び捨てた。奴隷貿易という、おぞましい過去を背負いながら、欧米諸国の歴史認識が問われたという話は、いまだかつて聞いたことがない。

ガーナでは二ヵ月ほど、事務所兼宿舎に滞在した。中年のメイドに簡単な日本料理を教えた。飲み込みが早く、毎食手を替え品を替え用意してくれ飽きなかった。今でも人懐っこい彼女の笑顔が忘れられない。

禁酒の効用

アフリカのスーダンは、飲酒が厳しく禁止されている。同じ回教国でもアルコール類が自由に飲めるインドネシアなどとはたいへんな違いだ。そんな国へODA関連の仕事で足かけ三年間滞在した。

人一倍酒嫌いでないい私は、無味乾燥な半砂漠地帯で何ヵ月もの間、一滴の酒も飲まずに暮らせるかどうか、たいへん不安だった。もちろん私だけではなく、同行の部下たちも同じ気持ちだ。製菓用粉末ウイスキーやパック入りの日本酒をスーツケースの底にそっと忍ばせたりして、各自対策を考えていた。

しかし、いくらそんな事をしてみても、内緒で持ち込める量には限度がある。何ヵ月もの間をまかなう事など、とてもできるわけがない。とうとう持参したアルコール類が皆無になる時がきた。

でも、結果は「案ずるより産むが易し」だった。無ければ無いで、それなりに慣れてしまうものだ。一週間もすれば、ビールの替わりにオレンジジュースを飲みながら羊のバーベキューをつっついている。それでも、結構酔っぱらったような気分になってしまうから不思議だ。

何よりも幸いなのは、日本にいる時のように晩酌がないので、その分だけ時間が有効に使えることだ。私の場合、日本にいては絶対にできない、英文のペーパーバックスを、二年間で百冊読む計画をたてた。一週間に一冊の割合である。なるべく内容の面白さで惹《ひ》きつけられるような、SF、ミステリーなどを中心にした本を、スーダンへの往路に立ち寄るヨーロッパで買入れては、せっせと読んだ。結果は、打率三割五分（三十五冊読破）だった。まあ、私の語学力ではこの程度がせいぜいであろう。

英文読書の他に、パソコンソフトの練習にも励んだ。当時、日本にいては、管理業務多忙なためパソコンにさわることなど、ほとんど不可能だった。現在、私がパソコンを操作できるのも、スーダンをはじめアフリカ・プロジェクト従事中に余暇を利用して練習したおかげだ。

三年の間に何度もスーダンと日本の間を往復した。不思議なことに飛行機が地中海を越え、アフリカ大陸に近づくにつれて、機内サービスのアルコール類が、だんだん欲しくなくなってくる。

スーダン出張の最後のころには、飛行機が首都ハルツームへ着陸したとたんに、まったくアルコールのことなど忘れてしまうようになった。知らないうちに、自己暗示にかかっていたのだ。日本に帰ってくると、自己暗示がまたたく間に解けて、もとの木阿弥になってしまったのは言うまでもない。

ピカソ『ゲルニカ』を追って

五十年余り前のことだ。初めて国立西洋美術館で、ピカソ『ゲルニカ』の実物大タペストリー（室内装飾用の織物）に出会った。リアルで強烈な反戦へのメッセージを込めた、巨大なタペストリーの持つ圧倒的な迫力の前に、私はしばしくぎづけになった。

いつの日かニューヨーク近代美術館にある、オリジナル絵画をぜひ観たいと思った。しかし海外渡航自由化前の時代、そう簡単にチャンスはやってこない。

歳月が流れて二十年、アメリカ・ボストンへ出張することになった。なんとかスケジュールを調整し、念願のニューヨーク近代美術館へ行ってあ然とした。展示室に「『ゲルニカ』は二ヵ月前にスペイン政府（プラド美術館）へ返還しました」との貼紙がしてある。

ニューヨーク近代美術館はピカソとの約束で、スペインが真の民主主義国家になるまで『ゲルニカ』を保管していた。独裁者フランコも既に亡くなりその時期がきたと判断し、私の訪問直前にスペイン政府へ返還されてしまったのだ。

よほどその足でマドリードまで飛ぼうかと思ったが、公務出張中の身ではそうもいかず、いったん帰国してチャンスを待つことにした。

それから五年後、アフリカ出張の帰路をマドリード経由に変更し、空港からプラド美術館へ直行した。

『ゲルニカ』の展示されている別館には、爆発物検知装置や様々なテロ対策設備が施されていた。直接攻撃を防ぐために絵画は防弾ガラスで覆われるなどものものしく、遠くの方から見学者の肩越しに見るしかない。その昔国立西洋美術館でタペストリーを観た時のような圧倒的な迫力は感じられなかった。

せっかく念願のプラド美術館までやってきたので、ミュージアムショップで『ゲルニカ』の複製写真を購入した。額装して今でも私の部屋に飾ってある。

『ゲルニカ』を契機にピカソの他の絵にも興味を持った。更にはセザンヌ、ゴーギャン、ゴッホなど印象派を初めとする近代西洋絵画にも目を向けるようになった。

晩年のピカソの絵には大胆に性を描いたものが数多くある。私の好みではないが、天才の自由奔放な作風の一端であろう。

最近、本屋大賞にノミネートされた原田マハ著『暗幕のゲルニカ』を読んだ。この小説では大作誕生のエピソードとともに、この絵がイラク戦争を契機とする国際紛争のはざまで、ほんろうされる姿が描かれている。

読み終わり、『ゲルニカ』が今なお多くの人々の心を惹きつけて止まない訳を知った。ピカソ没後五十年近く経ったが、まだ彼を超える画家は出ていないようだ。

七日間世界一周 ——私の失敗——

日本の電気通信技術が世界を席巻していたころの話だ。当時私は、電気通信コンサル会社でプロジェクト人事を担当していた。会社は数多くの海外業務を抱え、とても自社要員だけでは対応できず、関係業界に協力依頼していた。

しかし語学力を前提とする仕事なので、国内での要員調達には限界があった。目前に迫ったアフリカ・スーダンとフィリピンのプロジェクトへ配置する無線技術者各一名のポストが、どうしても埋まらない。

思い余って海外から要員調達したいと社長に相談したところ、「それは良い考えだ。君の好きなようにやりなさい」といわれ腹が決まった。幸いそのころ私にはイギリスとアメリカに、それまでの仕事で培った人脈があった。早速現地へ照会したところ、両国から直接話を訊きたいとの返事がきた。イギリスはロンドンに本拠をおくノルウェーの有力な電気通信コンサルタント、アメリカはテキサス州ダラスにあるエンジニアリング会社だ。

次長職にいて多忙だった私は、この二社を一週間で回ることにした。西回りで成田↓ヒースロー（英国）↓ラガーディア（英国）↓ダラス（米国）↓成田という旅程を組んだ。まさに七日間世界一周の旅というわけだ。

急な出張だったので、宿の手配などはすべて相手会社に依頼した。日本から大事なお客が来るというので、ホテルはすべて超一流の五つ星。あんな贅沢な出張は最初にして最後だった。

ロンドンとダラスでは候補技術者の経歴書が多数準備されていた。その中から当方の仕事にマッチした人間を選び面接する。ダラスの会社社長からは、日本にはコンサル業務支援のＯＤＡがあって羨ましい。アメリカでも欲しいなどと言われた。商談は無事成立。契約書にサインし、予定通り一週間で帰国した。連日の会社幹部との折衝と時差ぼけで、さすがに心身ともに疲れ果ててしまった。

その後まもなくフィリピンとスーダンへ、契約どおりイギリスとアメリカから各一名の技術者がやってきた。そこで問題が起きた。

現地着任後、半月足らずで技術者二人とも本国へ逃げ帰ってしまったのだ。イギリス人は、現地プロジェクトチームが宿泊しているマニラのホテル（三ツ星クラス）がお粗末で、そんな所へは泊まれないという。派遣元のイギリスの会社には旅費は十分支払ってある。自分の好きなホテルへ泊まるよう勧めたが、結局話はつかず勝手にロンドンへ戻ってしまったのだ。

一方、スーダンの地方現場には適当なホテルがない。大きな家を一軒借り、そこを事務所兼宿舎として、アメリカ人には一番良い部屋を用意しておいた。しかし着任後まもないある日、体の具合が悪いと言ってギリシャはアテネの病院へ出かけ、そのまま戻ってこなかった。

英米人にとってフィリピンの現場、ましてや世界最貧国スーダンの地方現場などはとても耐えられなかったようだ。

日本人チームメンバーとの人間関係にも問題があった。生活習慣の違いからかどうしても日本チームに溶け込めず、二人は孤立してしまったのだ。

先進国での仕事ならともかく、場合によっては私生活も一緒になる途上国のプロジェクト現場である。外国人――特に欧米人――と共に働くことの難しさを痛感した。

私の経験では、欧米人の中でもカナダ人は比較的日本人と相性が良いようだ。隣国の偉大な〝兄貴〟アメリカ人に比べ協調性があり、人件費も兄貴の八割程度なので日本人にとっては付き合いやすい相手だ。後に私も東南アジアのプロジェクトで何人かのカナダ人部下を使ったが、みな人柄もよく協力的だった。

以前、『八十日間世界一周』という、旅心をそそるロマンチックなテーマ音楽で始まる映画があった。それに比べ人集めというあまりにも現実的な私の『七日間世界一周』は、とんだ結果に終わってしまった。

このころから、それまで世界トップレベルにあった日本の電気通信技術、とくに無線通信技術の輸出に夕闇が迫っていた。技術輸出の先兵としてコンサル業務の最前線にいた私は、やがてアメリカのＣＡＴＶがらみの仕事へ転身することになる。

乾いた街ブエノスアイレス

アルゼンチンはイタリア系移民の創った国だ。そのアルゼンチンの首都ブエノスアイレスについて、私にはいくつかのあまり愉快でない思い出がある。

コロンビア滞在中、ブエノスアイレスで開催された中南米携帯電話セミナーに、コロンビア人の部下と共に出席した。持参した米ドルをペソ貨に換金するため市中銀行へ行った。そこで既に市中には出回っていない旧紙幣(約三〇〇米ドル相当)を手渡された。

どこで買い物してもだれもその紙幣を受け取ってくれない。実質的な贋金とわかったが、その時はもうあとの祭りだ。彼らは現地事情を何も知らない私のような外国人を、意識して狙ったのだ。

翌日、市内中心部にあるレストランでアルゼンチン名物の焼肉を食べた。食後ボーイにチップを渡したところ、額が少ないと言って他の客の前で、大声で怒鳴る。私はそれまでの海外経験から常識的な額を渡したつもりだったが、ボーイは自分の提供したサービスに比べ少額と感じたのだろう。それにしても高級レストランのウエイターが、人前で客をなじるとは……。

他にもまだある。せっかくタンゴの発祥地ブエノスアイレスへ来たので、コロンビア人の部下夫妻とともに、有名なタンゴバーへ行こうと思った。ホテルのフロントへ車を頼んだところ、そのバーがホテルの系列外だったので、手配をしてくれない。やむなく街中で流しのタクシーを拾い目的地へ向かった。

以上はブエノスアイレス滞在中の一週間足らずの間の出来事だが、このようなことは他の国では体験したことがない。後に、私の通うスペイン語学校で、たまたまイタリアとアルゼンチンのことが取り上げられたので、ペルー人講師に私の体験と印象を率直に話した。講師は私の体験を、とても良く理解できるという。ラテンアメリカ諸国の中でも、アルゼンチンだけは「別格」とのこと。それでも、このところの財政破綻による国際的信用失墜で、国民も自省して少しは良くなったという。

アルゼンチン人の祖先イタリア人の国民性について、コロンビアのノーベル文学賞受賞作家ガルシア・マルケスは、短編集『十二の遍歴の物語（原典）』でこう述べている。「イタリア人は何世紀も前から人生は一回しかないことを、はっきり意識している。そのせいで何事にも計算高く移り気なのだ」ヨーロッパ在住経験の長い作家の慧眼《けいがん》だ。

わずか一週間の首都滞在だけで、アルゼンチン全体を批判するつもりはない。ただ私の敬愛するチェ・ゲバラの祖国とはとても思えない出来事に二度ならず三度も出会い、とても寂しかった。

アメリカ社会の格差

トランプ米大統領の政策アメリカ・ファーストに対する世界的批判は強い。アメリカの大手メディアも政権と対立している。しかし私は、この政権は意外と長持ちするのではないかと思っている。トランプの支持基盤である白人低所得者層の、富裕層に対する長年の格差不満が並大抵のものではないからだ。

私はかつて米西海岸シアトルと東海岸ボストンで、自動車電話関連の仕事をしたことがある。シアトルは某財閥系会社の仕事だったが、社長室へあいさつに行って驚いた。広い部屋の壁には十機近くの小型ジェット機の写真がずらりと飾ってある。それがすべて社長専用機だという。中には水上飛行機もあり、週末には社長自ら操縦してカナダ国境近くにある別荘地内の湖へ着水するとのこと。後の現地調査の時に、その中から小型ジェット機を使わせてもらった。日本のサラリーマン社長とはたいへんな違いだ。

ボストンの仕事先は中規模の会社だった。オーナー会長はカーマニアで、数台の会長専用車のほか、二台のスポーツカーを持っていた。われわれに乗用車一台と、高台の一等地にある高級マンションを無償で提供してくれた。週末には、ボストン郊外にあるプール付きの豪邸にたびたび招待されたものだ。

私はボストン滞在中、余暇を利用して、ロードアイランド州やニューハンプシャー州など、ニューイングランド地方へ出かけた。そこで見たのは、中世のヨーロッパの城を思わせるずらりと並ぶ大邸宅である。アメリカにもこんな王族が住むような大邸宅があるのか、と目を見張った。

翻ってニューヨークでの話。市内の公園では真っ昼間から安酒をラッパ飲みして、何やらわめいている白人労働者たちが目についた。治安も悪く、滞在していた五つ星ホテルでは、二重に鍵をかけておいたトランクからメイドにTCを盗まれた。警察へ連絡したが、やってきた警官はまるで頼りにならない。

こんな極端な経済格差や犯罪が続けば、そのうち必ず社会不安が生ずるのではないかと危惧した。

あれから二十年。トランプ政権が誕生した。世論調査によると、高卒以下の白人の六〇パーセント近くがトランプ政権を支持しているという。格差社会の是正を求めた彼らの政治活動は、これまでの支配層に対する反乱ではなく、本来の支配層である白人右翼政権を誕生させた。なんとも皮肉な話だ。

トランプを支持した人たちは、そのことを本当に自覚しているのだろうか？　ともあれ、娘家族がニューヨークに住んでいる事情もあり、当分アメリカからは目が離せない。

業務用移動電話

青ナイルと白ナイルに囲まれた、アフリカのスーダン・ゲジラ農場。農場といっても関東地方ほどの面積がある。一九八四年、日本の無償援助により農場内に通信施設を建設することになった。私はコンサル責任者である。

一通り現地調査が終わったところで、プロジェクトを所管する農林省から注文が出た。作業員が車で農場内を巡回する際に使う、本部との連絡用自動車電話が欲しいというのだ。

これには困った。無償資金協力は本来、発展途上国の国づくりの基礎となる事業を支援するための制度である。自動車電話などは贅沢品と見なされ問題外なのだ。日本側の援助実施機関ＪＩＣＡに相談したら、案の定「とんでもない」と一蹴された。しかし、現地調査を通して私には、ゲジラでは自動車電話が贅沢品ではなく、必需品であることがよくわかっている。

ＪＩＣＡとスーダン農林省の間に挟まり困り果て、窮余《きゅうよ》の策を考えた。自動車側での電話着信を省略し、通常の自動車電話機能を簡略化した。名称も贅沢品を思わす「自動車電話」を避け、「業務用移動電話」とする。

これでなんとかＪＩＣＡは了承したが、問題は入札参加予定の日本の大手通信機メーカーだ。着信機能なしの、彼らの製品メニューにない「移動電話」など作れないというのだ。仕方なく二番手メーカーに相談したところ、こちらは大乗り気。いろいろ知恵をしぼり製品化のめどをつけてくれた。

彼らのアイディアをもとに仕様書を作り入札を行った。ところが入札では一度協力を断った大手メーカーが技術、価格とも一番札になった。本気になり協力してくれた二番手メーカーには気の毒なことをしてしまった。弱肉強食の業界を痛感したものだ。

スーダン農林省は自分たちの要望が通り、「自動車電話」が実現したので大喜び。どこのメーカーが落札しようが、彼らには関係ない。契約交渉と調印には、農林大臣以下四人の農林省幹部が日本へやってきた。

契約調印も無事に終わり、社長車を借り都内をあちこち観光案内した。よほど嬉しかったのか、帰途の車内から大臣が自動車電話で在日大使に命じている。

「これからミスター・ハタノを大使公邸へ連れて行くから、ディナーの準備をしてくれ！」

これはえらいことになった、と思い大臣に、

「お話は嬉しいのですが、これから帰社して社長に報告する必要がありますので……」

と丁重に断った。

半年後にゲジラの現場で建設工事が始まり、施工監理に出かけた。大臣以下大歓迎だった。

そして一年後、工事は無事完了し、大臣から感謝状が届いた。このプロジェクトが私のアフリカでの最後の仕事になった。

青ナイルとともに

スーダンの首都ハルツームで、白ナイルと青ナイルが合流してナイル本流となる。合流点から青ナイルを二〇〇キロほど遡った河畔に、スーダン第二の都市ワドメダニがある。私はここで、一九八四年から足かけ四年間、大規模農場通信プロジェクトのＯＤＡコンサル技術者として働いた。

現場のあるワドメダニと政府機関のあるハルツーム間の砂漠道を、何十回となく自らランドローバーを運転して往復した。春先には砂嵐が、雨季にはぬかるみが、しばしば車を立ち往生させた。

ある時など五〇度近い炎天下を時速一〇〇キロ近くで運転中、古タイヤが摩擦熱のためバラバラにちぎれてしまった。反対車線を飛び越えて砂漠の中に突っ込み、やっと止まった。もしあの時対向車がいたら、私の人生もそれまでだった。

雨の多い時期、青ナイルは路面近くまで増水する。かんばつの時などは、ひび割れした河底の一部が見えることもある。

スーダンの人々は、今でも全面的にナイルに依存して生活している。どこの家でもお客が来た時、真っ先に出すのがコップ一杯の青ナイルの水だ。それから、お茶、お菓子と続く。私はカラカラの喉にしみ通る、青ナイルの水の味が今でも忘れられない。

そんな厳しい環境の中で最大の試練は、一九八五年三月の反政府クーデターだ。この時たまたま現地調査で、私は六人の部下とともに首都ハルツームにいた。

滞在中のホテルが暴徒に襲われた。駐車場の車が放火され、三階までの窓ガラスが投石でめちゃめちゃに割られてしまう。幸い、われわれの車は直前に他の場所へ移してあったので助かった。また、部屋が四階だったので、そこまで投石がとどかず難を逃れた。

予期しないクーデターに直面、今後どう行動するのか。こういう時、日本大使館はあてにできない。スーダン政府から漏れてくる情報やBBC短波放送を検討した結果、かえって地方のほうが安全と判断した。

部下を導いて反政府軍の燃やす古タイヤの黒煙を潜り抜け、三時間かけてプロジェクト現場のある街ワドメダニへと脱出した。

ほうほうの体でたどり着いた現地では、地元政府機関がゲストハウスや食事を提供してくれるなど大歓迎してくれた。

スーダンは、プロジェクトへ協調融資している世界銀行の、綿花など換金作物中心の農業政策への不満が強い。それに対し、金は出しても口は出さない日本は評判が良かった。

やがてクーデターは鎮圧、プロジェクトは軌道に乗った。政府高官と直接話をする機会も増えてこの世界最貧国へのめり込み、青ナイル河畔で暮らすことになる。

民族の歌『カミニート』

私は高校時代バンドネオンの音色に魅せられ、アルゼンチンタンゴのとりこになった。そのころ日本はタンゴ黄金期を迎え、坂本政一《さかもとまさいち》と早川真平《はやかわしんぺい》が率いる二つの代表的タンゴバンドが、それぞれ腕を競い合っていた。

坂本政一タンゴバンドは、TBSラジオ開局と同時に始まった音楽番組に毎週生出演。高校生の身でレコードなど買うお金のなかった私は、この番組の公開放送を聴きに度々TBSスタジオへ足を運んだ。

二つのタンゴバンドのレパートリーの中で、早川真平バンドの専属歌手藤沢嵐子《ふじさわらんこ》が歌った『カミニート（小路）』がいつまでも心に残った。この歌が後に、私がスペイン語に熱中する動機のひとつにもなった。

間もなく私は、タンゴばかりではなくラテン音楽全般、さらにはクラシック音楽へと鑑賞の巾を広げ、いつしかタンゴへの思いは色あせていった。

それでもどこか頭の片隅には、バンドネオンのスタッカート（音を細かく切る奏法）がおき火となり、長い間くすぶりつづけていた。

そんな私に、晩年になってタンゴの本場アルゼンチンを訪れる機会がやってきた。南米コロンビア電話会社の仕事で首都ボゴタに滞在していた時、ブエノスアイレスへ出張することになったのだ。

私は仕事の合間を縫い、『カミニート』の舞台となった港町ボカ地区を一人訪ねた。一五〇年前の入植時代をほうふつとさせるボカの古い街角。そこで二人の老辻音楽師がギターとバンドネオンの弾き語りで、観光客目当てに『カミニート』を歌っていた。

夜になって同行のコロンビア人部下夫妻を誘い、有名なタンゴバーへ出かけた。そこで印象的だったのは、ショーの最後に観客が総立ちで、ステージの歌手と一体になり、『カミニート』を合唱したことだ。

カミニート、あの日二人で

歩み し道よ　今いずこ
別れを告げに来た
嘆きを胸に秘め……

（訳詞・チャコ&チコ　西川 恭）

観客のほとんどはスペイン語圏の人々なので、この歌をまるで彼らの統一国歌のように暗譜で歌うのだ。中南米諸国の大部分は、起源・言語・習慣・宗教が同じだ。二百年前、ラテンアメリカ統一国家建設を夢見た、彼ら祖先の気持ちがよくわかる気がした。

初めて藤沢嵐子の『カミニート』を聴いてから六十余年。タンゴの発祥地ブエノスアイレスを訪れ、この歌が今もなお、広く世界中で歌われている背景を肌で感じた。青春時代へタイムスリップしたような旅だった。

マチュピチュのグッバイボーイ

空中都市と呼ばれる神秘的なペルーのマチュピチュ遺跡。長年訪れたいと思っていた世界遺産のひとつである。私のコロンビア在住中に、そのチャンスがやってきた。休暇を利用して妻を伴い、インカ時代の都クスコからマチュピチュ遺跡の山麓にあるマチュピチュ村まで列車に乗る。アマゾン河支流ウルバンバ河の激流に沿った三時間の旅だ。車窓から、万年雪に覆われたアンデスの切り立った高峰が輝いて見える。

マチュピチュ村は、かつてアグアスカリエンテス（スペイン語で温泉の意）と呼ばれていた。村には日本人移住者の野内与吉《のうちよきち》が発見した温泉が湧き出ているが、その時は気がつかなかった。マチュピチュ村からマチュピチュ遺跡までは登山バスに乗る。

十数人の欧米人観光客とともに憧れの遺跡を見学した後、われわれは同じバスで山麓のマチュピチュ村へ戻ることになった。

バスは、日光いろは坂のような坂をジグザグに下り始めた。山を少し下ったところで、バスに向かって英語で「グッバイ！」と手を振っている少年に出会った。われわれ乗客も少年に向かって親しく手を振って応えた。

バスがしばらく下ったところに別の男の子が、先の少年と同じように手を振っているのが見えた。更に五分ほど下ったところに三人目の少年が立っている。ここまできて、それまでの少年が三人ではなく、実は同一人物であることに気がついた。

少年は、直線状のショートカットを下ってバスを追い抜き、われわれに挨拶すべく先回りしてバス通りで待っていたのだ。

バスが終点に着くと、少年が挨拶のためバスに乗り込んできた。もちろんのことわれわれは拍手喝采で出迎え、チップをはずんだ。どうやらバスの運転手と少年は親子で、チップで生活費を稼いでいるらしい。少年があまりチップ稼ぎに精を出し過ぎ学校へ行かなくなってしまったので、現在では夏休み以外は禁止されているようだ。

ペルーから帰って二十年近くになる。この少年のことがよほど印象的だったらしく、妻はいまだに、「またグッバイボーイに会いたい」などと言っている。しかしペルーは遠い。もうマチュピチュ遺跡までたどり着く体力はない。

最近になってＪＩＣＡ横浜資料館で『マチュピチュ村を作った男　野内与吉』展を見た。福島県出身の野内与吉は、道路工事、温泉発掘、鉄道整備など村の発展に先導的な役割を果した。その貢献が認められ、一九四八年には村長に任命されている。日本人移民の中に、完全に現地社会に溶け込み、彼らとともに生涯を終えた人がいたことを知った。グッバイボーイを懐かしむとともに、マチュピチュ村発展に貢献した先人を偲《しの》んだ。

チチカカ湖の誘惑

チチカカ湖への旅は、若いころの失恋が動機になっている。相手の女性を忘れるため、地球の裏側にある天空の湖チチカカへ一人で行こうと思い、スペイン語の勉強を始めた。今から考えればなんともセンチメンタルな話だが、当時は死ぬほどに思いつめていた。

しかし、旅のチャンスはなかなかやって来ない。電話会社顧問としてコロンビアへ赴任するまで、四十年余り待たねばならなかった。

コロンビア滞在中、ビザ更新のため六ヵ月毎に国を離れる必要があった。私はその機会を利用し、ボリビアの首都ラパスからチチカカ湖へ入ることにした。

ラパス国際空港の標高は、富士山より高い四〇六二メートルで世界一。空港から市内までタクシーに乗ると運転手が、

「お客さん、気分が悪くありませんか？　観光客はみんな飛行機を降りると高山病に

かかり、酸素ボンベの世話になりますよ」

と意外そうに訊く。

「いや、私はコロンビアのボゴタで何年も暮らしているので、なんともないよ」

と言うと運転手は、「道理で」と納得。

コロンビアの首都ボゴタの海抜高は、二六〇〇メートル。高地暮しが続いたので、体が自然に高度に順応していたらしい。

ラパス市内でタクシーを雇い、チチカカ湖へ向かう。シーズンオフのためか観光客はまったく見当たらず、夢にまで見た湖は太古の静寂に包まれていた。わずかに聞こえてくるのは、湖上を吹き渡るアンデスの風の音だけ。

小舟を一隻チャーターして湖上へ出る。湖岸の葦の間から山高帽をかぶったインディヘナの女性が、小舟を漕ぎ出して来るのが見えた。白銀に輝くアンデスの山々を背景に、インカ時代を彷彿させるような光景だ。思わずカメラを向けると、「撮っちゃダメ！」と、ものすごい剣幕でにらまれた。

後になってインディヘナの社会には、「写真を撮られると魂が吸い取られる」という迷信があると聞いた。知らなかったとはいえ、彼女には悪いことをしたな、と後悔した。

岸に戻ると少年が、浮島の葦で作った民芸品を売りにきた。買ってあげると、「グラシアス（ありがとう）！」と喜んで、私の写真を撮ってくれた。これがチチカカ湖で自身を撮った、唯一の記念写真になった。

短い旅の最後の日、湖近くにあるプレ・インカ時代のティワナク遺跡を訪れた。この日もまったくあたりに人影は見当たらず、抜けるような青空が続いていた。

よく「本気で努力すれば、ものごとは必ず成し遂げられる」と言うが、現実はそう甘くはない。私の場合はチチカカ湖への四十年余にわたる憧憬を、湖の守護・太陽神が「愛《う》いやつ」と、特別に認めてくれたのだと思う。これが私のラテンアメリカ最後の旅になった。

太いパイプ

メキシコシティーの東南約一一〇キロに位置する街プエブラ。日本人はあまり行かないが、特産のタラベラ焼きのタイルで飾られた、歴史的建造物が数多く残っている美しい街だ。

この街にマリアというメキシコ人女性一家が暮らしている。彼女は、現在ニューヨークに住んでいる小学校五年生の私の孫娘が、幼時に世話になったベビーシッターだ。

マリアは孫娘のことを実の子供のように可愛がってくれた。孫娘はそんなマリアに是非会いたいと両親に頼み込み、先日、親子三人でプエブラまで出かけた。プエブラなど名前も知らなかった両親にとっては、まさに「牛に引かれて善光寺参り」だったようだ。

プエブラで三人は、マリア一家に大歓迎された。メールで送られてきた、空港で抱き合うマリアと孫娘の写真には、思わず胸が熱くなった。街並みの遠く彼方、メキシコ第二の高峰ポポカテペトル火山から白煙がたなびいている。プエブラが発祥の地である無形文化遺産の料理も美味しく、孫娘はプエブラがすっかり好きになったらしい。これから毎年行くのだと、一人で決め込んでしまったようだ。中学校ではスペイン語を選択したいとも。

私自身もそんなプエブラに縁がある。日本の海外渡航自由化直前の一九六四年、初めての外国、メキシコへ出張した。首都メキシコシティーに着いた直後の週末、勉強中のスペイン語を試すため一人で長距離バスに乗り、訪れた街がプエブラだった。

マリアと孫娘

スペイン語は私が初めて話した外国語だ。旅行中、なんとか話が通じたのが嬉しくてたまらず、それ以来メキシコの歴史と文化に深い関心を持つようになった。とりわけ、その後世界文化遺産に登録されたプエブラの、スペイン植民地時代の面影を宿す美しい街並がいつまでも目に焼き付いていた。

私が独身時代にプエブラへ行ったことを今回初めて知った孫娘は、「えっ、オジイチャンがそんな昔にプエブラへ！」と言って目を丸くしたとのこと。

孫娘との間には不思議な話がある。七年前に私はレジオネラ肺炎にかかり、死の淵をさまよった。その時私の病気のことなどなにも知らない当時四歳の彼女が突然、「オジイチャンに会いたい」と言いだして母親を戸惑わせたのだ。

そんなこともあったので、娘が、「オジイチャンと紗良《さら》（孫娘の名前）は、なにか目に見えない太いパイプでつながれているのね」と、ニューヨークからメールしてきた。

半世紀をまたいだ孫娘と私のプエブラ訪問は偶然の一致かもしれない。だが、それだけではなにか割り切れない思いもある。マリアとの幼時の思い出があるとはいえ、孫娘がなぜそれほどプエブラ行きを望んだのか？

七年前の私の入院時のことも考え合わせてみると、二人は娘の言う「太いパイプ」でつながれているのかもしれない。

バイリンガル

今年の夏も、ニューヨークから小学校五年生の孫娘がやってきた。日本の小学校に体験入学するためで、ここ数年の慣例になっている。孫娘の母親は私の長女で、父親も日本人だが、本人はアメリカ生まれなので日米両国の国籍を持っている。

ニューヨークでは現地校へ通う傍ら、週一日は補習授業校で日本語を勉強中だ。ただ、それだけでは日本人としてのアイデンティティーを養うのは難しい。そう考えて両親は、毎年娘を日本の学校へ体験入学させているわけである。

そんな事情があり、孫娘は両親から日本帰国中は英語を話すことを固く禁じられている。本人もそれを承知していて、家庭や学校では滅多に英語は使わない。しかしだんだん長ずるに従い、なにかにつけ英語の方が使い勝手が良いらしく、ネットでこっそり英語のホームドラマなど見ては、母親に叱られている。

子供をバイリンガルに育てるには、母親が自分を育《はぐく》んだ日本語、日本文化の世界へ子供を上手に導くことが極めて重要である。英語教育は学校任せにしておいて、大きな問題はないと思う。

今年も体験入学の合間を見て、娘は子供を伝統工芸教室、七夕まつり、花火大会などに連れ出し、少しでも多く日本文化に触れさせる機会を作っている。

先日、私が参議院選挙の投票に行こうとしたら、「オジイチャン。選挙でVoting（投票）すること、日本語で何というの?」と訊かれた。私が英語で説明すると、待ってましたとばかりペラペラと次々に問いかけてくる。これまで仕事で英語にはかなり慣れていたつもりだったが、子供独特の早口英語にはそろそろついていけなくなってきた。

仕事の都合でひと足先にアメリカへ帰国した娘から、先に催された孫娘の小学校卒業記念公演の動画が送られてきた。一時間ほどのビデオで、初め日本の学芸会程度のものと思って見ていたらこれが大違い。

『シンデレラ・パフォーマンス』と題する、プロが企画、演出、撮影した本格的なミュージカルだった。きらびやかな舞台装置の前で、子供たち全員が生き生きと演技している。

みな何度も校内のオーディションを受けて選ばれているとのこと。

孫娘も一人四役の大奮闘で、地のままのお転婆ぶりを存分に発揮していた。音楽は生《なま》で、オーケストラピットの中で生徒たちが真剣な顔をして演奏している。

衣装代もバカにならず、学校から数百ドルの請求があったようだ。教育熱心な親たちは喜んで支払ったという。この小学校が公立だというので、あらためてアメリカの義務教育の多様性に驚いた。

最近、トランプ大統領の極端な人種差別発言が問題になっている。だが、子供たちの舞台を見ていると、この元ビジネスマンの主張がいかにアメリカの国是に反しているかが良くわかる。肌の色に関係なく、生徒たちが一丸となってショーを作り上げている。今の子供たちが成長するころには、この手の人物が大統領候補に推されることはないだろう。

家にいる時はオジイチャン、オジイチャンと言って（日本語で）傍をはなれない孫娘。だがビデオを見て、もう一人前のアメリカ娘に成長したと痛感した。安心するとともに、そこはかとない寂しさに襲われたのも正直なところだ。

日本でバイリンガルというと、とかく羨望の眼差しで見られがちである。しかし、孫娘を見ていると、将来日本人としてのアイデンティティーはどうなるのか、むしろその方が気になる。私の死後、ほとんど日本に友人知人のいない孫娘に、戻ってくる場所はあるのだろうか？　日米両国の国籍はあっても、心は根無し草（デラシネ）になってしまうのではないか？　これまでの海外生活で、多くの事例を見ているだけに心配である。

体験入学も終わり、ニューヨークへ戻る孫娘を羽田空港まで見送りに行った。夏休みで混雑する手荷物検査の列に並んでいる彼女との間に、こんなやりとりがあった。

「オジイチャン、今までファーストクラスに乗ったことある？」

「会社にいたころ、二回ほどニューヨークまで乗ったことがあるよ」

「わあースゴイ、私も乗りたい！」

「紗良がコロンビア大学へ入り、その時までオジイチャンが生きていたら乗せてあげるよ」

孫娘のコロンビア大学入学はハードルが極めて高い。ましてや、その時まで前立腺がんを抱えている私が生き延びる確率は限りなくゼロに近い。両方とも実現するとすれば、それは奇蹟だ。

来年、孫娘は中学一年生（日本では小学校六年生）になり、最後の体験入学のため戻ってくる。奇蹟を期待するよりは、せめてそれまでは生きていようと空港で誓った。

III

人生・出会い

インド南部国鉄技師長を、深川・木場へ案内

親友の死

小学校五年の同級生にH君という生徒がいた。物静かでどこか寂しげなH君とは馬が合い、おたがいの家に泊まったりするほどの親友になった。

お父さんが中学校の校長だったせいか、H君は聡明で歳の割に大人びていた。夏目漱石に傾倒し、『草枕』の冒頭のくだりを諳《そら》んじていた。

「山路《やまみち》を登りながら、こう考えた。智《ち》に働けば角《かど》が立つ。情《じょう》に棹《さお》させば流される。意地を通《とお》せば窮屈《きゅうくつ》だ。とかくにこの世は住みにくい。」

当時、この有名なさわりを知る由もない私に、「とてもためになる本だから波多野君も読むといいよ」と、しきりに彼が勧めた。

空襲の焼け跡に仮設中の、H君の家に泊まりに行った夜のことだ。とんとん葺きの節穴から星空を眺めながら、漱石の『こころ』の主人公「先生」のことを話してくれた。

私はとてもH君についていけず、彼から聞いて読んだ漱石の本はせいぜい、一見面白そうな『坊ちゃん』くらいだ。

そのH君が六年生の時、突然自殺してしまった。しばらく会わないでいる間の出来事だった。

担任の先生や彼と親しかった同級生——どういうわけか女生徒が多かった——と一緒に、自宅で密やかに行われた葬儀に行った。眼を真っ赤にはらしたお母さんの、「波多野さんには特に親しくしていただいて……」との消え入るような言葉がずっと耳に残った。

後になって考えてみると、彼の語った『こころ』に関する話は、私への遺言だったのだ。当時の私はそんなH君のサインにも気づかない、草野球や模型電車作りに夢中のガキだった。

『こころ』では、信頼していた叔父に財産相続問題で裏切られた「先生」が人間不信に陥る。

厭世的《えんせいてき》になった「先生」は、心の癒しを愛に求め、無二の親友が思慕する女性を卑劣な手段で奪い取り、彼を自殺に追い込んでしまう。その結果、今度は自分自身に対し、更には人間に対する不信感に陥り、最後は自らの命を絶つ。

いま考えるとH君は、小学校六年生にして早くも「先生」と同じ人間不信に陥り、『こころ』を自分の死に結び付けてしまったようだ。恐るべき早熟な小学生だ。

漱石は人間だれもが持っている心の醜い一面、自身では見たくない根っこの部分をこの作品であぶりだした。

漱石は「先生」を〝殺す〟ことで小説としての決着をつけたが、若く純粋なH君はまんまと漱石の仕掛けたトラップに引っかかり、「先生」に殉じてしまったとしか思えない。

H君をかわいがっていた私の母は、十五年近く前に亡くなった。H君のご両親も多分もう亡くなられたと思う。H君は一人っ子だったので、彼の自殺の真相を知っているのは、おそらく今ではこの世で私一人だけのはずだ。

H君が私に与えた影響は大きかった。彼の死後間もなく夏目漱石の本はほとんど読み、あらためてH君の早熟さに驚いた。

漱石の作品がひとつの契機になり、青年期までには日本文学全集や世界文学全集をむさぼり読んだ。技術系の仕事を選んだ私だが、H君の文学への思いはいつまでも心の奥底に沈殿していた。

晩年になってスペイン語勉強の総仕上げで、ガルシア・マルケスの『百年の孤独』を翻訳した。このことも、もとをたどればバラックの中で、星空を見ながらH君が語ってくれた『こころ』と無関係とはいえない。

ナターシャ・スタルヒンさん

往年のプロ野球巨人軍の剛腕投手ヴィクトル・スタルヒン。彼の長女ナターシャ・スタルヒンさんが、日本における英文ワープロの伝道者であったことはあまり知られていない。

一九七七年のある時、私は海外雑誌でＩＢＭがテキスト・プロセッサーと呼ばれる文書編集ツールを開発したことを知った。長い間海外関係の仕事に携わり、タイプライターによる英文作成・編集に苦労していた私は、「これは使える！」と直感。

調べてみると実用化はＩＢＭよりＷＡＮＧが先行していて、中目黒にある日本総代理店をとおして発売開始したばかりだとわかった。ＷＡＮＧはそれをワードプロセッサーと名付け、日本販売でライバルＩＢＭの先を行こうともくろんでいた。

私は現物を見るべく、早速中目黒へ飛んで行った。その時マシンのデモを担当したのが、ＪＡＬスチュワーデス出身の長身の美人、ナターシャ・スタルヒンさんだった。彼女のデモですっかりこの最新鋭マシンに魅せられてしまった私は、懸命に会社を説得し、特例で六〇〇万円を支出してもらった。キャデラックが一台買えると言われた。

渋谷の会社へは毎日のようにナターシャさんに来てもらい、担当の女子社員を訓練してもらった。

日本で英文ワードプロセッサーを導入したのは、日揮株式会社につぎ私の会社が二番目になる。ＷＡＮＧはそのことに恩義を感じ、なにか問題が起きると真っ先にナターシャさんを派遣してくれた。

多才なナターシャさんはその後美容コンサルタントへ転身し、間もなく父親スタルヒンの伝記『ロシアから来たエース』を出版した。出版記念パーティーの招待状が長嶋茂雄氏との連名で送られてきたが、残念ながらそのころ海外各地を飛び回っていた私は出席できなかった。

私の会社が英文ワープロを導入した翌年、東芝が日本初の日本語ワードプロセッサーを発売した。ワードプロセッサーを縮めた「ワープロ」という言葉が使われるようになったのは、ずっと後になってからのことだ。

英文ワープロの日本発売直後にナターシャさんと知り合ったことは、私にとってはもちろんのこと会社にとっても幸運だった。彼女の卓越したプレゼン能力がなかったら、会社も納得してあれだけの投資はしなかったであろう。

先ごろスタルヒンの生誕百年を記念したセ・パ交流試合が旭川スタルヒン球場で行われた。始球式に登場したナターシャさんの姿を、久しぶりにネットで見た。それなりに歳はとっているものの、相変らず美しく元気で頼もしかった。

無期限スト

一九六九年、所属するN社に労働組合ができ、私が初代の委員長に推された。当時のN社の社長は元NHK経営委員長代行のH氏である。H氏はそのほかにも東京12チャンネル（現・テレビ東京）社長も兼務し多忙だった。社長実務は実質的に、電電公社出身のD代表取締役専務が仕切っていた。

D専務は日本技術士会の試験審査委員を務めるなど、極めて優秀な技術者だ。しかし社員の給与体系を初めとする労働条件が不透明で、その労務政策はあまり近代的とはいえなかった。それゆえ長年にわたり社員のマグマがたまっていたのである。

臨時組合大会における私の演説が起爆剤になったのか、マグマが噴火し、年末一時金闘争が無期限ストライキに発展してしまう。

「賃金を始め労働条件に関することがらは、すべて労使間の労働協約で決めねばならない」と私は訴えた。その主張は、全組合員や一部の課長など管理職からも支持され、ストライキは勢いを得る。

渋谷の繁華街にあった会社の玄関には赤旗が林立し、組合員が道路にあふれた。世間へかける迷惑と、百五十人あまりの組合員の生活に対する責任を痛感した。三畳ほどの狭い組合事務室に寝泊まりし、ストライキ指導に没頭する毎日だった。

何事も始めるのはやさしくとも終わらせることは難しい。どうやって盛り上がったストライキを終息させるか、悩みに悩んだ。満額獲得まで一歩も退かない、とのスローガンを信じ、連日炊き出しをして頑張っている青年婦人部の女性たち。とても組合執行部と妥協案を協議する雰囲気ではない。

どんな組織でもトップは孤独だ。そんな時、以前の職場である電電公社時代からの親しい山仲間で、私に続いてN社へ入社したA君から、

「謙ちゃん、あんたはまるでカミソリだよ。団体交渉で会社側を鋭く追い詰めるだけで、まるで落としどころを考えていない。ストライキを本当に治める気なら、どこかで妥協が必要だよ」

と親身になって忠告してくれた。

もちろん私もいずれストは治めるつもりでいた。しかし、まさか解決案を組合執行部にも図らず、A君と二人だけで協議するわけにもいかない。結局自分一人で腹をくった。彼にだけ行先を打ち明け、深夜、いまや連日の徹夜団交で憔悴しきったD専務が潜む都内某所へ一人で出向き、妥協案を示した。専務も私の案しかないと考えたようで、その場で受諾する。

翌日の団交は労使双方息詰まる雰囲気の中で行われた。結果は前夜のD専務との打ち合わせどおり決着した。組合員を裏切る私の独断行為だったが、全員拍手して団交結果を受け入れてくれた。

この闘争が契機になり労働条件はすべて協約化された。労使関係はガラス張りになり、会社は活性化していった。

歳月がたちH社長とD専務が相前後して亡くなった。あの時親身になって忠告してくれたA君も数年前に旅立った。いま当時の真相を知っている人間は私だけだ。

「嫌なら辞めろ！」

一九八二年夏のヨルダン。会社が実施中の円借款コンサルト業務のリーダーが、私事都合で急きょ帰国せざるを得なくなり、私にピンチヒッターのお鉢が回ってきた。仕事はヨルダン政府と日本の応札会社との間の、契約交渉の指導と援助だ。これまでの長い入札審査の経緯がわかっていなければ途中から首を突っ込んでも、とても務まらない。

当時私は課長職にあり、課員を指揮して多忙なライン業務に没頭していた。とても長期間日本を空けるわけにはいかない。もしヨルダンへ行くのなら、課長職を罷免して欲しいとの文書を社長に提出した。すぐさま呼びだされて厳しく叱責された。

「社長辞令を撤回するわけにはいかない。会社は君なら両方の仕事がこなせると思って出張発令したのだ。それができないのなら、即刻退職願を出したまえ！」

悔しかったが、まだ中学生だった子供たちのことを思うと会社を辞めるわけにはいかない。数日後、屠所《としょ》に引かれる羊のような思いで、ヨルダンの首都アンマンへ向けて飛び発った。

契約交渉相手は世界に名だたる、イスラム商人末裔のヨルダン人だ。対する私は、それまでの交渉経緯をまったく知らないど素人。一人で連日何人ものヨルダン人技術者相手の会議は、まったく針のむしろに座るような思いだった。

死ぬ思いをした十余年前のベネズエラの経験に比べればと思い、必死に耐えた。その結果半月後には多少余裕ができ、週末には駐在員の案内で死海、モーゼ十戒の丘、ペトラなど、名所旧跡を訪ねる気持ちにもなってきた。そして、なんとか予定の四十日間で仕事を終え、帰国する。

ヨルダン出張から七年後のことだ。ある日の退社時、社長に新大久保のうなぎ屋へ呼び出された。また何かやらかしたかなと、恐る恐る出向く。

話というのは、私の取締役就任の内示だった。当時役員はすべて親会社からの天下りだったので、生え抜き社員の役員起用は相当思い切った人事だったようだ。

その時になって初めて、七年前の社長の私への叱責の意味がわかった。

「お前の将来はちゃんと考えている。あまり甘ったれるんじゃない！」

というメッセージが込められていたのだ。まさに親の心子知らずで、かつて課長職罷免を申し出たことが恥ずかしかった。

温厚なクリスチャンでもあった社長は、その後間もなく他界した。「嫌なら辞めろ！」は、私にとって生涯忘れられないひと言だ。

深川木場に住む

結婚して五年間ほど、深川木場に住んでいた。自宅を建てる資金が貯まるまで、妻の実家に転がり込んだのである。一級建築士工務店を開いていた妻の父が、運河沿いの敷地の一角に二間を増築してくれた。

そのころの木場は運河が縦横に走り、義兄が将来、庭からヨットで海へ出るのだと、夢を語っていた。しかし、この運河も昭和二十年、東京大空襲の時は地獄に一変した。米軍の焼夷弾に追われて冬の河に飛び込んだ義父は、ぷかぷか浮いている焼死体を避けながら材木にすがり、一晩を過したという。

当時読んだ、木場を舞台にした三浦哲郎による芥川賞受賞作『忍ぶ川』に、次のような一節がある。

「木場は、木と運河の町である。いついってみても風が強く、筏《いかだ》をうかべた貯水池はたえずさざ波立っていた。風は、木の香とどぶのにおいがした。そしてその風のなかには、目にみえない木の粉がどっさりととけんこんでいて、それが慣れない人の目には焚火の煙のようにしみるのである。涙ぐんで、木場をあるいている人はよそ者だ。」

私も住み始めのころは、どうして涙が出るのかわからなかった。そんな体験があるので、このくだりは「よそ者」の私の印象に強く残り、今でも時々思い起こす。

そのころはまだ地下鉄東西線は開通していない。門前仲町から都電で永代通りを日本橋へ出て、そこから地下鉄銀座線で渋谷の会社へ通っていた。時は高度成長の真っただ中。隅田川を渡ると、ツーンとどぶの臭いが鼻を突いた。

時には、義兄のポンコツブルーバードで、会社まで送ってもらったこともある。義兄は武蔵工大建築科教授だった。渋谷は世田谷キャンパスまでの出勤途上にあったのだ。

毎月一日、十五日、二十八日は深川不動尊の縁日で、参道の両側には金魚すくいや綿飴売りなど、昔懐かしい屋台が軒を連ねた。会社の帰途、都電の不動尊前から家へ向かって人混みの中を歩いていると、なにか昭和初期へタイムスリップしたような気分になる。

週末には義父の助手になり、トラックを運転しては建築現場へ材木を運んだ。時にはトランシットを使い、現場の敷地測量などを手伝うこともあった。そんな場所のひとつが、妻の実家の菩提寺《ぼだいじ》、教証寺だ。上野池之端にある江戸時代以来の古刹で、義父と二人で寺の修復工事によく通った。同じイノシシ年ということもあり、義父と私は気が合い、なにかと目をかけてもらった。

義母は下町気質の人で、たいへん面倒見が良かった。酒好きの私に特製の大型徳利で毎晩燗《かん》をつけてくれるので、つい晩酌がはずんでしまう。私も飾り気のない下町気質に、いつしか溶け込んでいった。

インドやベネゼーラなどから外国人客が来日した時は、しばしば彼らを木場や近くの清澄庭園へ案内して喜ばれた。当時、浅草などは別にして、東京下町を案内する日本人は珍しかったと思う。

やがて、あいついで二人の子供が生まれた。長女が小学校へ入るのを契機にして埼玉県狭山にマイホームを新築。義兄が設計、義父が施工監理を引き受けてくれた。工事中私は、毎週のように木場から狭山へ、東京を横断して建築資材を運んだ。

その後間もなく、木場は臨海部にある新木場へ移転。筏師《いかだし》が角乗りで腕を競った運河は埋め立てられ、今はその上を高速道路が走っている。夏の涼風が心地よかった窓下の川は公園になった。

私をかわいがってくれた義父は、自ら修復を手がけた上野の古刹に、今は義母とともに静かに瞑《ねむ》っている。

鎌倉暮らし

かつて二年間ほど、鎌倉市に住んだことがある。現在暮らしている横浜のマンションへ引っ越すまでの、義兄の空き家を借りた仮住まいであった。義兄の家はJR大船～北鎌倉駅間の鎌倉街道沿いの高台にあり、夏には六国見山の尾根越しに、由比ヶ浜の打ち上げ花火がよく見えた。

家から北鎌倉の円覚寺や東慶寺まで徒歩十五分。格好の散策コースで、余程のことがないかぎり、週末には必ず出かけた。建長寺手前を右に曲がり、亀ヶ谷坂切通しを経て花の寺、海蔵寺までしばしば足を延ばした。

鎌倉には百二十ほどの寺社があるが、二年間にそのほぼ七割は訪れた。いつ行っても観光客の絶えない鎌倉だが、三・一一東日本大震災の時は違った。たまたま震災の翌日、かねてから予定していたハクモクレンを撮りに長谷寺へ行って驚いた。普段は観光バスで賑わうこの寺も、この日は人っ子一人見当たらない。放生池池畔のハクモクレンが、淋しそうに花を散らしていた。

鎌倉名物イケメン人力車もみな客待ち顔。昼食時に、小町通りにあるなじみのカフェテリアへ顔を出してみた。静かな雰囲気で鎌倉夫人に人気のあるこの店も、閑古鳥が鳴いている。

「この状況はしばらく続くでしょうね」と、店主は諦め顔だ。

地元も観光客も東日本の惨状に心を痛め、自粛している。昭和天皇崩御時の東京の街を思いだした。あの時、ちょうど大事な客と商談中だったが、とても酒など飲む雰囲気ではなかった。

知人友人に鎌倉に住んでいると話すと、決まって羨ましいと言う。「住みたい街ランキング二〇一九」によると、関東地方で第十位と、鎌倉のブランド力は相変らず高い。けれども理想と現実には、得てして大きな差があるものだ。人気の街は果たして本当にそれほど素敵な街なのか？

一口に鎌倉といっても住む場所によって大きな違いがある。湘南の陽光降り注ぐ、江の島や伊豆半島を望む高台の別荘地なら、住み心地は快適に違いない。しかし、そんな場所は一部に限られている。多くは午後になると早くも日の陰る、入り組んだ谷《やつ》のどん詰まりだったり、裏山を開発した交通不便な新興住宅地だったりする。

古都保存法による建物の高さ制限もあり、観光客は鎌倉の落ち着いた街並みに心が休まる。その半面、道は狭く入り組んでいて交通渋滞がひどく、バスの時刻表がまったく当てにならない。スーパーなど日用品を扱う商店の数も少ない。多くの人が電車で二駅先の大船まで、買い出しに行く姿が目につく。

山と海に囲まれた風光明媚な武家の古都、鎌倉。この地に心の癒しを求めてやってくる観光客にとっては、確かに魅力的な街だ。だが、生活者として暮らすとなれば話は別である。鎌倉というブランドイメージだけが先行している、としか思えない。

二〇一三年、鎌倉は世界遺産登録を申請したが落選した。落選理由のひとつが市内の交通渋滞だと聞いた。鎌倉をくまなく歩いた私には、その理由がよくわかる。現在でも内外から年間二千万人もの観光客が訪れる鎌倉。人口十七万人のこの狭い街に、今以上の人波が押し寄せたらどうなるのか？

鎌倉へは今でも、趣味の写真撮影にしばしば出かける。四季折々の花の絶えない寺社、裏山に点在する中世墳墓跡の「やぐら」、夕焼け富士の美しい稲村ケ崎。自然が優しく史跡に富む鎌倉が私は大好きだ。でも、再びこの街に住む気はない。私にとって鎌倉は生活の場ではなく、カメラ片手に一人静かにタイムスリップする別世界なのである。

チェ・ゲバラとカルメン先生

キューバ革命の英雄であり、二〇世紀最大のカリスマ、チェ・ゲバラ。革命政府の工業大臣ポストをあっさり蹴《け》り、再び世界革命を目指してボリビアのジャングルに身を投じたゲバラ。私は若いころからゲバラの生き方に強い関心を持っていた。

先年、ゲバラ没後五十年の節目にあたり、東京都写真美術館で『写真家 チェ・ゲバラが見た世界』と題する写真展が開かれた。この催しで、ゲバラ自身が撮影した作品二四〇点あまりが日本初公開されている。

夏の日の午後、三五度近い猛暑の中をやってきた大勢の若者や中高年男女が、ゲバラの撮った数々の写真を、食い入るように観ていた。今更ながら世代を超えた幅広いゲバラ・ファンがいることを知った。

ゲバラは一時、アルゼンチン通信社の報道カメラマンを務めている。彼は常に首からカメラ（当時の最新鋭機種 Nicon S2）を提げ、世界各地の風景を収めた。

アルゼンチンに生まれたゲバラは、ラテンアメリカの土着文化に強い関心を抱いた。かつて私も行ったことのある、ペルーのマチュピチュやメキシコのマヤ、ポポカテペトルなど中南米各地を訪れている。

展示写真の中には工業大臣として来日した時に撮った、広島原爆ドームを写したものもあった。旅程を急きょ変更して広島を訪問したゲバラは強い衝撃を受ける。「日本はなぜアメリカに原爆投下の責任を追及しないのか？」と問いただした。

また原爆死没者慰霊碑の前では、「なぜ碑文に主語がないんだ？」と質問する。そこには「安らかに眠ってください。過ちは繰り返しませんから」との文言が刻まれている。「これではあたかも日本人が過ちをおかしたようにとれる。そもそも原爆を投下しなくても、あの戦争は終わっていた」とも言った。

長崎を含めて三十四万人近い市民が原爆で殺された。後に原爆開発総責任者オッペンハイマーの孫は、「八歳の娘に祖父のしたことを聞かれて、〝強力な爆弾を作るのはいいアイディアで、それによって多くの人を殺さないようにした〟と言うと困惑します。子供に説明することさえ難しいのです」と正直に語っている。

日本政府はアメリカの責任を問うどころか今や彼の国の走狗《そうく》になって、核兵器禁止条約に反対している。ゲバラには絶対理解できない日本人の精神構造だ。

彼の広島訪問は、その後ラテンアメリカ諸国へ大きな影響を及ぼした。


私は青年時代、ラテンアメリカ旅行を夢見てスペイン語に熱を入れた。晩年になって再びこの言葉を勉強し直すために、横浜スペイン語学校へ入学した。そこでペルー人講師カルメン先生に出会う。彼女は日本人と結婚して、長年日本に住んでいた。思想的にちょっと左がかったところがあり、ゲバラや当時ベネズエラ大統領だったチャベスを信奉し、授業で彼らのことを熱く語っていた。

そんな彼女が、学校の夏季特別セミナーに東京外国語大学スペイン語科から、親交のあった若手教授を招き講演会を開いた。日本未公開のチェ・ゲバラの映画を観ながら彼の生き方を考える、という企画だ。

スペイン語の勉強を兼ねて映画を見た私は、あらためてかつて信奉したゲバラへの理解を深めた。まだわずかに残っていた若き日の記憶の残滓《ざんし》が泡立ったのだ。

私にはゲバラに関して痛ましい思い出がある。コロンビア在住の一九九七年、死後三十年して彼の遺骨がボリビアのジャングルで発掘された。そのニュースが現地の新聞に大きく報じられたのだ。新聞記事にはボリビア軍によって殺害された当時の、両手首を切り落とされた無残な写真が載っていた。

世界革命を夢見て妻子を捨て、異国のジャングルに倒れたゲバラ。あまりにも変わり果てた英雄の姿に涙した。

ゲバラのこともあり、私とカルメン先生とはなにかと波長が合い、私の拙《つたな》いスペイン語をよく聞いてくれた。私は少しでもスペイン語を人前で話す度胸を養うため、毎週授業の冒頭五分ほど特別に時間をもらった。そこでその週に起こった身のまわりの出来事、日本の風習、文化、歴史などをしゃべった。そのことを彼女はとても喜び、最後のころは私のことをセニョール・ロクトール（解説者）のニックネームで呼んでいた。

彼女はとても社交的で、音楽家、学者、大使館筋に顔が広かった。私も度々若手クラシック音楽家のミニコンサートや、ラテンアメリカ諸国協賛のフェスティバルなどに招待された。

カルメン先生は生徒たちと——といってもみんな彼女よりは年上だったが——駄弁《だべ》るのが好きで、放課後学校近くのファミリーレストランで、ワインを飲みながら歓談した。

東日本大震災が起きた時は授業が始まる寸前だった。先生ともどもみんなして三階の教室から表の広場へ避難し、揺れが静まるのを待った。私は家内のことが心配で家まで歩いて帰った。交通機関が止まり帰れない先生から「セニョール・ハタノ、私を置いて一人帰るの？」と恨まれた。

そんなカルメン先生だったが、間もなく身内の不幸があり、後ろ髪を引かれるような思いで母国ペルーへ帰国した。

カルメン先生の祖国ペルーではまず見ることのできない、彼女の尊敬するチェ・ゲバラの写真展。もし身内の不幸がなければ、きっと彼女は生徒たちを誘って会場まで足を運んだに違いない。

臨死体験

七年前に臨死体験をした。夏の終わりに近所の水泳教室で感染したレジオネラ肺炎が悪化して意識不明に陥り、救急車で病院へ運び込まれた。

入院三週間のうち、初めの二週間は現実世界の出来事をまったく覚えていない。おむつをはかされ点滴を受けながら、絶えず幻想の世界をさまよっていた。

通常の夢であれば二、三日もすれば忘れてしまうが、私の場合七年経った今でもその時のことをはっきり覚えている。

これまでに死の淵から舞い戻った多くの人々によると、人は死ぬ間際に美しい花園や川のある風景、そして「神」に出会うと言う。花園や川は全世界共通のようだが、「神」はその人の住む文化圏によって異なり、欧米ではキリストであったり日本では仏様であったりすることが多いようだ。

私が幻想世界で出会ったのは、花園でも川でもなく大仏だった。私の体は、大仏の手と一メートルほどの長さの鎖でつながれていた。その鎖の輪がひとつずつ外れ、だんだん短くなり、大仏に近づいて行く。

自分でもこの鎖の輪がなくなった時は、あの世へ行くのだということがわかっていて、静かに大仏の前に横たわっていた。

だんだん短くなって行った鎖が、最後に二つ三つの輪を残すのみとなったところで、二週間ぶりに意識が戻った。

後に全快してから聞いた医師の話と照合すると、幻想世界で私が大仏の前に横たわっていたころ、私の体は集中治療室で危篤状態にあったとのこと。妻は医師から万が一の時の覚悟をするようにと言われていたそうだ。

あの時、もし鎖の輪が完全に無くなっていたら、私は誰も行ったきり戻ったことのない、無限に続く闇の世界へ入って行ったことだろう。

そう思うと、そこへ行くのは割合簡単なような、怖いような、複雑な気持ちに襲われた。

その後読んだ本で、臨死体験は「人間の意識を支えているメカニズムが死ぬ段階に入った時に崩れて行く、その過程で起きる現象」と教えられた。ともあれ私は別世界の入口を垣間見ただけで、この世に戻ってこられた。

後に私の快気祝いをしてくれた友人たちが、こう言って励ましてくれた。

「幻想世界で出会った大仏（仏様）が〝こちらへ来るのはまだ早い、お前にはまだ現世にやることが残っている〟と諭したのだ」

宗教に無縁の私は、死後の世界の存在を信じていない。ただ世の中には、従来の自然科学だけでは説明のつかない、いわゆる超常現象があることはわかった。ともあれこれからは妻をもっと大事にしなければと誓い、病院を後にした。いつしか空は秋めいていた。

テレパシー

七年前にレジオネラ肺炎に感染して危篤状態に陥り、臨死体験をした。この体験に関連した不思議な出来事がある。

私が生死の境をさ迷っていたころ、ニューヨーク在住の当時四歳の孫娘が、急に私に会いたいと言い出したのだ。

妻は海外で働く娘に心配をかけまいとして、私の入院のことは知らせていなかった。日ごろ私のことなどあまり話さない孫娘が突如、「オジイチャンに会いたい！」などと言い出すので、娘は妙に思ったと言う。

後になって娘は、その時期私が臨死状態にあったことを知り、驚いて国際電話をしてきた。孫娘の話は単なる偶然の一致と片付けてしまうには、あまりにも不思議な出来事だったと話す。

無事退院してから、そのことを当時通っていたスペイン語学校のクラスの仲間に話した。長年日本に住んでいるクラス担任のペルー人女性カルメン先生が、半信半疑ながらも真剣に聞いていた。

それから数ヵ月後のある日のこと。彼女が、

「セニョール・ハタノ、あなたのお孫さんの話は本当よ。実は私の娘が昨夜、ペルーにいる私の弟に何か異変があると言い出したの。妙に思っていたら、今朝弟が死んだという電話があったわ」

と、目を真っ赤にしながら話した。

私はそれまでテレパシーなど自然科学では説明のつかないいわゆる超常現象は、幻覚や偶然の一致に過ぎないと決め付けていた。しかし、いざ自分の周辺にそれらしい現象が続けて起こってみると、どうしてもその科学的メカニズムが知りたくなり調べてみた。

最近の報告では、二〇一四年に米ハーバード大学の研究者たちによって、五〇〇〇マイル離れたフランスとインドにいる被験者の脳の間で、メッセージの伝達に成功したという。

またテレパシーは、二つの粒子が時空を超えて結びつく現象――量子力学でいう「量子もつれ」――に関係があるのではないか、という仮説も提唱されているようだ。なるほどこれなら横浜～ニューヨークの距離に関係なく、瞬時に情報が伝わるわけだ。孫娘のテレパシーの説明もつく。しかし、残念ながらこの説は今のところあくまで仮説であり、実証されてはいない。

家の後継ぎの弟が亡くなり、長女のカルメン先生には、どうしても家を継ぐ事情があった。住み慣れた日本に未練を残しながら祖国へ帰って行った。

カルメン先生は晩年の私に、ラテンアメリカ文学を原語で読む楽しさを教えてくれた恩人だ。帰国に際し孫娘に贈ってくれた、可愛いインディヘナの少女像が今でもわが家の居間に飾ってある。

安楽死・自裁死

少し前の話になるが、『文藝春秋』二〇一七年三月号で「安楽死は是か非か」の特集があった。特集記事の一部に各界の著名人六十人に対するアンケート結果が載っていた。アンケート結果は、回答者六十人中、三十三人が安楽死に賛成だった。ちなみに安楽死の定義は「回復の見込みのない病気の患者が薬物などを使用し、死を選択すること」だ。私はアンケート結果もさることながら、同時に載った脚本家・橋田寿賀子氏と医師・鎌田實氏との対談記事のほうに興味があった。

対談の中で橋田氏は、

「九十歳になって初めて真剣に考えたんです。それまで死ぬなんて考えたこともありませんでした。仕事がだんだん減って考えることがなくなったら、『あ、もうすぐ私死ぬんだ』って死について考えた。その時、せめて死ぬ選択は自分でできないかなと思ったのです」

と語り、こう続けている。

「夫や子供も親しい友人もいないので、この先自分自身で何もできなくなると思うと、生きていたくありません。世界で唯一安楽死を望む外国人を受け入れているスイスへ移住することを、真剣に考えています」

一方、彼女とほぼ同年代の作家・僧侶の瀬戸内寂聴氏の生き方は、橋田氏とは対照的だ。ものを書くことは彼女にとって生きる証なので、死ぬまで何かを書き続けるつもりだ、とテレビで語っていた。

また、ある著名な作家・書道家は作中人物に語らせている。

「人間、好きなことをやっている強みは何物にも代えがたい。好きなことをやっていると、いくつになっても自分の中の才能を自分で引き出すことができる」

彼の生き方は瀬戸内氏のそれと共通しているようだ。

安楽死ではないが、より積極的な死に方に自裁死がある。評論家・西部邁氏は、「多くの人々は八十歳あたりから心身を耄碌《もうろく》させていく。自分が周囲や世間になにも貢献できないのに、迷惑をかけることのみ多くなると予測できる段階では、生の意義が消失する」との自説を本に書き、昨年の冬七十九歳で多摩川へ入水し、自ら命を絶った。

私自身は七年前に臨死体験をして以来、それまであまり考えなかった死が、常に頭から離れない。遅まきながら最近になって、やることがあろうとなかろうと、生きること自体が人生だ、と考えるようになった。

そんな考え方と矛盾するようだが、『死に方は生き方の総仕上げ』という観点からすれば、安楽死・自裁死を選ぶ人たちの考えも理解できる。人によって死生観はさまざまだ。

積極的安楽死・消極的安楽死

二〇一九年初夏、ＮＨＫスペシャル『彼女は安楽死を選んだ』を観た。〝彼女〟とは体の機能が次第に奪われていく、多系統萎縮症患者の小島ミナさん（五十二歳）のことだ。不治の病の発病から、彼女がスイスで安楽死するまでを描いたドキュメンタリーである。

ミナさんはテレビカメラに向かい、不自由な口で問いかける。

「(皆さんは）私が寝たきりで天井をずっと見ていても、苦しがっている様子を見ていても、生きていて欲しいと思いますか？　天井を見ながら毎日を過ごし、時々食事を与えられ、時々おむつを替えてもらう。そういう日々を過ごしていて生きる喜びを感じるのか、生きていたいと思うのか、と私は日々自問自答しています」

彼女は更に続ける。

「自分で死を選ぶことができるということは、どうやって生きるかということを選択することと同じくらいに、大事なことです。私は自分の尊厳を守るため安楽死を望みます」

ミナさんは四人姉妹の三女。早くから両親が離別したので、歳の離れた二人の姉が母親代わりだった。高校卒業と同時に韓国へ渡りソウル大学へ入学。大学卒業後は韓国語通訳として活躍するなど、行動的女性だった。

四十八歳の時、第二の人生として児童養護施設で働こうと思っていた矢先、不治の病、多系統萎縮症を告知される。

ミナさんの安楽死希望を知り、初めは戸惑っていた二人の姉たちも、次第に彼女の気持ちがわかるようになっていく。

二人の姉と違い、ミナさんの妹は安楽死に反対だ。

「鎧《よろい》を脱いで、最後まで家族に支えられながら生きるのも、ひとつの生き方よ」

と姉を必死に説得する。しかしミナさんは、

「周りの人間がつらいし、お互いが疲弊することが容易に想像できるの」

と言って決心を変えない。

現在、致死薬を処方し投与する積極的安楽死は日本では禁止されている。認められているのは、オランダ、ベルギー、スイス、アメリカの一部の州、コロンビアなど八ヵ国だけだ。スイスの民間安楽死団体には世界中から安楽死希望が殺到しているという。

昨年十一月、ミナさんは安楽死するため、二人の姉に伴われスイスへ渡った。彼女は最後まで毅然としていた。致死薬の入った点滴のバルブを自分で開けた。二人の姉に向かい、

「ありがとね、いろいろ……」

と感謝しながら数秒後に静かに目を閉じた。命の尊厳を守り、自らの手で粛々として人生の幕を引いた勇気ある女性の最期に、涙を抑えることができなかった。

安楽死を認めない日本に持ち帰れないミナさんの遺骨は、スイスの川に流された。

昨年秋、私の妹に膵臓がんが見つかり、手術したが、今年の春になって肝臓に転移した。放置すれば余命半年との主治医の宣告。すぐに抗がん剤投与が決まったが、当日に

なって妹は投薬を断った。

抗がん剤の副作用によるおう吐や脱毛など、苦しい思いをしてまで長生きしたくない、と日ごろから信頼している主治医に伝えた。今春開設された、同じ病院の緩和ケア病棟で最後を迎えたい、とも。目を真っ赤にして必死に説得する医者を、

「先生、泣かないでください。患者の私がさんざん考えた末、覚悟を決めたんですから」

と言って逆に慰めた。

なにかにつけ私は、長女と二人暮らしの妹の相談相手になってきた。妹は回復の見込みのない延命措置を望まず、消極的安楽死を選んだ。悩みに悩んだ妹の長女も、最後は同意した。私は妹の選択に反対しなかった。妹が小島ミナさんのような、ゆるぎない死生観を持っていることに、むしろ尊敬の念さえ覚えた。

妹に、がん放置の勧めで知られている、近藤誠医師の本を送った。近藤医師によるとがんの九割は、治療しないほうがラクに長生きできるという。異論もあるようだが、なかなか説得力のある本だ。妹には、主治医でさえ不確かな、余命半年予測などに心迷わされず、前向きに生きるよう勧めた。彼女も同意して、一日一日を大事に生きている。

私自身も現在、初期の前立腺がんが見つかり、三ヵ月ごとに血液検査を受けている。検査結果が基準値を大幅に超えた場合、主治医は、ホルモン・抗がん剤投与を勧めている。高齢のため手術は無理なのだ。

しかし私も妹同様、副作用に苦しみながら長生きする気持ちはない。妹の選択は、私自身の死生観を問われる問題でもあるのだ。

『眠れる美女』二題

数年前、川端康成後期の傑作といわれる中篇小説『眠れる美女』を読んだ。当時、私はスペイン語学校でガルシア・マルケスの短編小説『眠れる美女の飛行』を講読中だった。この小説の中で、著者が川端康成の作品を引用している文章があったので、参考までに原典を当たってみようと思ったのだ。

『眠れる美女の飛行』の主人公である老作家は、パリからニューヨークへ向かう旅客機のファーストクラスで、二十歳前後の美女と隣り合う。古代のオーラを湛《たた》えたような絶世の美女に、年甲斐もなく胸をときめかせる。

しかし彼女の方は、飛行機が離陸してベルト着用のサインが消えたとたん、座席を水平レベルに倒し、スチュワーデスにどんなことがあっても起こさないよう頼んだ。そうして睡眠薬を飲みさっさと寝てしまう。

美女はシャルルドゴール空港からケネディ空港までの八時間余りを、死んだように眠り続ける。彼女と親密な関係になりたいとの下心のあった主人公は、すっかり期待外れになってしまう。

止む無く主人公は、水平レベルにまで座席を倒し、美女と同じベッドに寝ているような気分になりながら、さまざまな妄想に耽《ふけ》る。妄想の中で前年に読んだ日本の作家、川端の『眠れる美女』を思い起こし、快楽の精髄《せいずい》は美女が眠るのを見ることにあると悟る。

一方、この小説のネタ本である川端康成の『眠れる美女』の方はこうだ。京都に住む六十七歳の有閑老人が、途方も無い金を支払って秘密クラブへ入会する。崖下にあるクラブの密室で、強い睡眠薬で前後不覚に眠らされた、全裸の美少女に添い寝をしながら一夜を過ごす。眠れる美女のみずみずしい肉体を透し、かつての恋人や自分の娘、死んだ母親の断想や様々な妄念、夢が老人の胸を去来する。

この小説の主人公は、まだ完全に男の機能を失ってはいない。時には熟睡した全裸の美少女を前にして、本能が触発されそうになるが、かろうじて押しとどまり、その自制行為のなかに自虐的な快楽を見出す。

主人公は数ヵ月の間に六人の美女たちと添い寝をするが、五人目の少女は飲まされた睡眠薬が効き過ぎ夜半に死んでしまう。しかしあらかじめこのことを予期していた秘密クラブの仲居が、六人目の代替えの美女を用意してあったので、この閉塞世界は何事もなかったように継続する……。一見、まったく救いようのない、没道徳的な話だ。

『眠れる美女』は、成金変態老人の妄想世界をねちねちと描いた低俗読物に過ぎない、と言う人が結構多い。私の通っていたスペイン語学校の女性たちの間では、川端康成変態老人説が有力だった。

しかし世評の多くは、『眠れる美女』は訪れつつある死を凝視する老人の退廃《デカダンス》を、耽美な感覚で描いた傑作と見ているようだ。

これまで日本で二回、海外で三回映画化されている。だからこそコロンビアの作家ガルシア・マルケスも、この小説に触発されて短編『眠れる美女の飛行』を書いたのであろう。

両小説はテーマが「老いへの怖れ」であることと、著者二人がともにノーベル文学賞受賞者ということで共通している。

ガルシア・マルケスの小説は、簡潔なスペイン語文体のせいもあり、健康で行動的な若い女性に対する老人の憧憬や執着がさらっと描かれている。背徳、退廃的な匂いはまったく感じられない。

一方、川端作品の方は、熟睡した美女たちの執拗綿密な肉体描写が延々と続き、その閉ざされた病的、退廃的世界に私などは辟易《へきえき》してしまう。

しかし文学の世界では、この種の作品が、不道徳や悪を否定せず、美のみに価値を置く耽美主義文学の精髄とされているようだ。私は世界に類をみない、日本の私小説固有の、陰湿な男女関係の話が好きではない。何故、川端康成がノーベル賞を受賞したのか今でもよく理解できない。

ちなみに今、日本でノーベル文学賞に一番近い作家と言われる村上春樹は、「嫌いな作家」の第一に川端康成を挙げている。「生理的に合わない」との理由からのようだが、なんとなくわかる気はする。

以上は似たような題名の、東西ノーベル賞作家の二作品の読後感だ。私のような後期高齢者世代の人間は、両作品の主人公の年代を遠の昔に過ぎている。刻々と近づく人生の終着点を前に、自分ならどう生きるのか、時間はあまり残されていない。

男の理想

金田石城著の『狂墨』（幻冬舎刊）という小説を読んだ。読み始めてみたら結構面白く、その日のうちに一気に読んでしまった。小説の主人公は八十歳になる、〝墨の魔術師〟と呼ばれる著名な書道家であり日本画家である。

奈良信貴山にある名刹の高僧から寺の襖《ふすま》絵を依頼され、幾多の試行錯誤の後、生涯での最高傑作となる作品を完成させる。心魂を傾けた後の疲れを癒《いや》すため、北陸は東尋坊近くの寺にある慈母観音を訪れる。

彼は数年前たまたま東尋坊を訪れた時に、この慈母観音に出会った。その姿に少年時代に触れることのできなかった母の肌のぬくもりを感じ、以来何かあるとこの寺を訪れるようになっていた。

この寺で主人公は、慈母観音の前に正座し、熱心に掌を合わせ何かを祈っている女子高生に出会う。その瞬間に書家・画家としての芸術的欲求から、この少女の肌に慈母観音を描こうと決心する。

これまでは他人の感動のために書画を描いてきたが、八十歳になり死を目前にし、最後は自分自身の感動のために書きたいと思うのだ。肌を洗い流せば東尋坊に砕け散る波のように一瞬にして消え去ってしまう、うたかたの美。だが、老芸術家にとってはそんなことは問題ではなかった。

少女はひと月前に東尋坊に身を投げた母親の成仏を、慈母観音に祈っていた。孤児になってしまった少女は、主人公に母親の話を聞いてもらっているうちに、だんだん心を開いていく。そうして、翌月、東京で開かれる個展を見に行く約束をする。

約束通り東京へやってきた少女に、主人公は思い切って彼の望みを打ち明け、少女は一晩考えた末受け入れる。

少女の体に慈母観音を描く場所は、河口湖畔にある、窓から富士と湖が見える格式ある日本旅館に決まった。そこのベランダでみずみずしい十七歳の裸体を見た時は、さすがの老芸術家にも男の本能が突き上げてくる。

それを必死に抑えつけ、背中に慈母観音、正面に蓮の花を、一墨一魂を注ぎ込んで描き上げる。渾身の力で描き終えた主人公は、やがて少女の豊満な体の上に甘えるように重なる。そのまま目を閉じ、二度と目を覚まさなかった。

祖父と孫娘ほどの年齢差のある二人の共通の思いは、薄幸だった母親への慕情だ。少女のお蔭で、老芸術家は彼女の裸体に描いた慈母観音と合体し、心安らかな最後を迎えることができた。まさに男にとっては理想的な死にざまだ。

少女にとっては、老人に自分の体の上で死なれたりしてたいへん迷惑な話だと思うが、そのあたりのことを作者は巧みに避けている。

老境に達した男たちが、老いへの不安や怖れから、自分の孫娘のような若い女性の体に救いを求める姿は、洋の東西を問わないようだ。川端康成は睡眠薬を飲ませた若い娘との添い寝を描いた（『眠れる美女』）。

ガルシア・マルケスは飛行機のファーストクラスのシートで、隣の若い女性の寝姿を見て妄想にふけった（『眠れる美女の飛行』）。

画家ゴーギャンは晩年になって妻子を捨て、南海の島タヒチへ渡った。そこで十三歳の娘と結婚し、彼女の裸体画を描いている（『死霊は見守る』）。

芸術家は小説や絵を描くことにより不安、恐怖、欲望を昇華させている。そういう才能のない私などには、とても真似のできる話ではない。できることと言えば、自分の来し方を、下手なエッセイに綴ることくらいでしかない。

心の断捨離

フィギュアスケーターの浅田真央さんが、洋服をゴミ袋二十袋ほど断捨離したという。あの若さで着る物への執着を断つとは、なかなかできるものではないと感服した。

昨年末のテレビで、宗教学者の山折哲雄氏が、これまでに読んだ膨大な本を断捨離して、現在は親鸞全集だけが残っていると語っていた。学者が自らの分身ともいうべき書物をすべて処分するとは、並大抵の覚悟ではない。

だが問題は物よりも心の断捨離だ。なまじさまざまな知識が頭にあると、かえって真理が見えなくなるという。「若いころは死に対する恐怖心があったが、心の断捨離をしたことで、今はなくなった」と山折氏は話す。

死は絶対的な「無」だ。物心ともに断捨離して無になれば、死と一体化して恐怖心はなくなる。悟りの境地とは、そのような心の状態をいうのであろうか。皇族出でありながら財も欲も、おのれさえ捨てて民衆の救済に生きた平安時代の僧、空也上人。彼もきっと同じ境地に達していたに違いない。

心の断捨離は難しくとも、物の断捨離なら私でもある程度はできそうだ。私は半生を途上国で過ごしてきたが、出かける時はいつもスーツケースひとつだった。そのまま何年間も現地で暮らしてきたが、特に不自由することはなかった。むしろ日本にいる時以上に、語学勉強や読書などに時間を割くことができ、生活は充実していた。

それが帰国して日本での生活が始まると、とたんに物が増えてしまう。十年前、現在のマンションへ移る時に、ほとんどの家具や、六畳間いっぱいあった本を処分した。それでも、その後さまざまな物が増え続けている。

今年に入り再度、本、衣類、ワインセラー、ゴルフ道具などを処分した。あの世には何も持って行けないとはわかっていても、いざとなると人間、物——私の場合は本——への執着心を捨てることは難しい。

なんとか物を捨てることはできたとしても、心の断捨離の方はなかなか山折氏のような具合にはいかない。

心の断捨離への準備作業として、これまでの人生を整理、総括することは、以前から考えていた。具体的には①ガルシア・マルケス著『百年の孤独』の翻訳、②孫娘とのアートコラボ集の自費出版、③自分史の編纂などだ。

ほぼ同時並行して進めてきたこれら三つの計画は二年前になんとか達成できた。しかし、これで心の断捨離へ近づいたとはとても思えない。この期に及んでも、まだなにか生きる支えが欲しいのだ。

もともと書くことは好きだった。これまでに書きためた雑文に、二年前から始めた俳句を加え、死ぬまでにエッセイにまとめられたら、と考えている。

栄養士Ｙさん

二年前のことだ。

「波多野さん、中性脂肪が大幅に正常値を超えていますよ。一度栄養指導を受けたらどうですか？」

と、近所の総合病院泌尿器科の主治医に言われ、二十代後半と思われる白衣の似合う栄養士の女性、Ｙさんを紹介された。

あまり気が進まなかったが、数値がかなり高かったので、とにかく指導を受けることにした。警察の取り調べ室のような六畳ほどの広さの面談所で、パソコンを挟んでＹさんと向かい合う。液晶画面の血液・尿検査データを見ながら、彼女が具体的な栄養改善の指導をする。初回の面談が終わった後、

「次回は奥さんをお連れしていただけませんか？　日ごろのお食事についてお話しし

たいことがありますので」

と言われた。帰宅してそのことを妻に話すと、栄養士からいろいろ難しいことを言われると思ったのか、同席に乗り気ではない。

止む無く三ヵ月に一度、栄養士と一対一で、毎回二十分ほど面談室へこもり指導を受けることになった。私の中性脂肪過大の原因ははっきりしている。妻も日ごろから私の栄養管理には注意しているので、食事内容ではなくアルコール摂取量が問題なのだ。

「波多野さん、週に一、二日休肝日を設けた方がよいと思いますが」

とYさん。

「ワイン好きの私にはちょっと無理です」

「それでは、毎回のワインの量をもう少し減らせませんか？」

「もうかなり減らしています。これ以上はあまり期待できませんね」

「検査データを見ると波多野さんは肝臓が強そうですね。中性脂肪の及ぼす悪影響についても良くご理解されているようなので、これ以上は言いません。運動不足にならないよう、せめて現在やっていらっしゃる毎日一時間の散歩と、週二回の水泳は必ず続けてください」

と、話を運動の方へそらしてくれた。

私もアルコール以外ではYさんのアドバイスに従った。ある時、調子に乗り、こんなことを言って彼女を困らせたことがある。

「Yさん、ここだけの話なので先生に言わないでくださいよ。先生の勧めであなたの栄養指導を受けてはいますが、私は八十歳を過ぎ、もう十分生きたと思っています。今更毎晩楽しみにしているワインを節酒してまで、長生きしようとは思わないのです」

「それは困りましたね。では、これもここだけの話ですが、せめて検査の一週間前だけはアルコールを控えてください。それだけで検査はパスしますから」

そんなことがあってしばらくして、私に前立腺がんの兆候が見つかり、一泊二日の検査入院をした。彼女は私の病室まで見舞いにきてくれ、

「先生に聞いてびっくりしました。いつもお元気な波多野さんが急に入院なさったので……」

と心から心配してくれた。

生検の結果、ガン細胞が確認された。幸い早期発見だったのですぐに手術などはせず、しばらく様子を見ることになった。そのことを彼女に伝えると、

「不幸中の幸いでした。これからは私の栄養指導よりも、ガン治療が優先になりますね」

と複雑な表情。

年の暮れ、それまでお世話になったお礼に、自費出版した孫娘とのコラボレーション写真集『四季鎌倉』を進呈した。

「これまで波多野さんからご趣味のことは何も伺っていませんでした。こんな立派な、心癒される写真集をお出しになっているなんてとても驚きました」

と、たいへん喜んでくれた。そのあと少し寂しそうに、

「実は私いま妊娠していて、新年早々から一年近く産休を取る予定です。場合によっては、波多野さんとはもうお会いできなくなってしまうかも知れないのです」

と言う。彼女は新婚だったのだ。

「あなたは体形がスリムなので全然気がつかなかった。それはおめでとう！」

「ありがとうございます。でも、来年からの波多野さんの栄養指導どうしましょう？

二通り方法があります。ひとつは次回から新しい栄養士と交代すること。もうひとつは私の産休が終わるまで待っていただくことです。どちらにするか、いまこの場で決められますが、どうしますか？」

「もちろん産休が終わり、あなたが病院へ復帰するまで待ちますよ」

「わかりました。では先生と相談してきます」

と言って直ぐに主治医と話をつけてきた。

そんなことがあって一年が過ぎた。先日、前立腺がんの定期検査が終り、病院を出ようとしたら、

「波多野さぁーん！」

と女性の呼び声。振り返るとYさんだった。

「波多野さんが今日いらっしゃると先生に聞いたものですから、急いでやってきました。お久しぶりですね」

「あなたもお元気そうでなによりです。生まれたお子さんはどちらでした？」

「男の子です。産休中に気持ちを落ち着かせるため、いただいた紗良ちゃん（私の孫

娘の名前）と波多野さんのコラボ写真集を毎日のように見ていました」

Yさんは早速、主治医と相談して、私の栄養指導が再開されることになった。

いずれそのうち私もこの病院で、前立腺がんの面倒を見てもらうことになるはずだ。彼女のように何でも話せて、信頼できる人が同じ病院にいてくれると思うと、入院しても心強い。

私の夢

ショパンの『幻想即興曲』。美しいメロディーが歌うように情感豊かに奏でられる。華麗、繊細でありながらドラマチックな曲でもある。ピアノを習ったことのある人なら、一度は弾いてみたい名曲といわれている。私もこの曲が好きだ。

先日、ショパンコンクール入賞ピアニスト、小山実稚恵さんのテレビ演奏を聴いた。数日後、ニューヨーク在住の八歳の孫娘がリンカーン・センターで行った初のピアノ発表会の写真が届いた。

その写真を見ながら、夢のようなことを考えた。孫娘が弾くこのショパンの名曲を聴いてから死にたい、と。幸い、私の住むマンションにはシアタールームがあり、そこに居住者共有資産のグランドピアノが置いてある。夏休みに孫娘がアメリカから帰国するたびにそこで練習し、私もそれに何度か付き合わされている。そう遠くないいつか、シアタールームでワイングラスを片手にゆったりして、孫娘の弾く『幻想即興曲』を聴きたい。

胸の中を吹き抜ける一陣の風を思わす華麗なショパンに酔った後は、ドビュッシーの『月の光』をリクエストする。印象派音楽の透明なメロディーで、高揚した心を鎮め、最後は同じショパンの『別れの曲』で締めくくる。

『別れの曲』を聴いている最中に持病の心臓病が急変し、そのまま近所の斎場へ直行というのがいちばん理想的だ。

葬儀にモーツアルトのレクイエムを流したいという人が多いと聞く。私はどちらかというと宗教色抜きの、ショパンやドビュッシーの癒し系ピアノ曲の方が好きだ。しかし世の中、必ずしも自分勝手にばかりいくとも思えない。

それになによりも、全曲を通して左手と右手が同じリズムを刻むことがない難曲『幻想即興曲』だ。孫娘が弾けるようになるには半端でない練習量が必要である。例え弾けるようになったとしても、その時まで私が生きているかどうかの確証はない。最近見つかった前立腺がんの今後の進み具合も気になる。

娘が小学生の時に、ピアノを習わせた。多くの子供がそうであるように、彼女が弾けるのは『幻想即興曲』より技巧的に易しい、ベートーベンの『エリーゼのために』レベルまでだ。

しかし、その時に身につけた読譜力が四十年たって孫娘のピアノ指導に役立っている。若いころピアノ購入など、経済的にかなり背伸びして教育投資をした。それが決して無駄ではなかったことが、今になってわかった。

ともあれ、そう簡単に夢は実現できない。私の余命と孫娘の成長との競争だ。このところさぼり気味になっていた水泳にも力を入れ直し、日課のウォーキングも再開しよう。何も知らない孫娘こそいい迷惑だ。彼女は今、ピアノよりも空手や水泳に夢中だからだ。

天国とはこんなところ？

私は十年近く前から趣味で風景写真を撮っている。気に入った写真が撮れると、親しい友人知人やニューヨーク在住の娘家族などにメールで送信している。そんな知人の一人、元大手企業社長だったYさんに先日、お花畑に美女を配した写真を送った。

すると、

「波多野さん、天国とはこういうところを言うんですかね？」

とのコメントが返ってきた。

多くの臨死体験者の話によると、目が覚めたら暗いトンネルがあり、そこを通り抜けると花園が現われると言う。そこへ生前親しかった人が出迎えにきていた、とも。それはこの写真のような光景だったのだろうか？

私は七年前に近所の水泳プールでレジオネラ肺炎に感染して入院し、三週間死線をさまよった。その時夢の中で出迎えてくれたのは、美女ではなく仏様だった。私はその後へついて行かなかった。もし仏様ではなく絶世の美女だったら……。

七年前の臨死体験以来、私も死後の世界について関心を持つようになり、いろいろと書物などで調べてみた。死後の世界が写真のような美女のいる花園なら明日にでも行きたい。

しかし、世の中そう都合の良いようにばかりはできていない。古来、死後の世界が存在するという考え方は、人間が「無」になる恐怖から逃れるため「そうあって欲しい」との強い願望から来ている。

天国とはこんなところ？

宗教者ばかりではなく、自然科学者のなかにもそれを肯定する人たちがいる。しかし、臨死体験のような死の「疑似」体験は別にして、別世界へ行って帰ってきた人はだれもいないので本当のところはわからない。

最新の脳科学研究で人間の意識は無数にある、脳の神経細胞（ニューロン）の間を通る、さまざまな神経伝達物質（例えばドーパミン）の働きが作り出すらしいことがわかってきた。

もしそうであれば、人間の死とともに物質である脳細胞は土に返って意識は消滅し、後はただ「無」になるだけだ。この考えは素直に受け入れられるように思われる。

先日、定期健康診断で内視鏡検査を受けた時、麻酔が効きすぎて二十分ほど完全に意識がなくなり「無」の状態が続いた。あの状態が永遠に続くことが「死」ではないのだろうか。そこは残念ながら美女のいる天国でもなく、幸いながら閻魔《えんま》さまが裁く地獄の入口でもない。ただただ「無」が支配する世界だった。ギリシャの哲人エピクロスはこう言ったそうだ。「あなたが死を怖れる時、死はまだ来ていない。死がほんとうに来た時、あなたはそこにいない。だから死を怖れるには当たらない」――けだし至言だ。

がんと水泳

七十代で水泳を始めて十年以上になる。水泳仲間に、私よりひと回り若いNさんという元気な年寄りがいる。中年女性の多い水泳クラスの中で、比較的歳の近いNさんとはすぐに親しくなった。Nさんはとても陽気な人で時おり親父ギャグを飛ばしては女性たちをからかい喜んでいる。彼はクロールが私より上手だが、バタフライはわたしの方が上で、よく若いコーチから、

「Nさん、波多野さんを見習ってください！」

などとはっぱをかけられている。

そんな訳で、水泳のレベルは全体的に私とどっこいどっこいなのだが、彼はピアノの弾き語りという、私のとても真似のできない特技を持っている。

そのNさんが今年の初め私にそっと、

「波多野さん、実は先日食道がんが見つかりまして、今どう処置するか医者と相談しているところです」

と、ささやいた。日ごろ元気なNさんの突然の告白にびっくりし、その時はなんと言っていいのかわからなかった。

その日以来プールにぷっつり彼の顔が見えなくなり、前立腺がんを抱えている私にはとても他人ごととは思えず心配だった。そのNさんとある日、プールでばったり出会った。

「Nさん、その後病気はどうされたのですか？　心配していましたよ」

「実は場所が場所だけに手術ができず、放射線治療のため七十日間入院していました。今はほとんど元にもどりましたが、一時は十キロ以上痩せましたよ。一応完治したので、再発を防ぐには気力、体力が重要とのことで、またプール通いを始めたところです。波多野先輩、すっかりクロールを忘れてしまったので教えてください！」

と、以前のような軽口をたたくNさんを見て、私はわがことのように嬉しくなった。

「Nさん、実は私もNさんが入院中に前立腺がんが見つかりました。私の場合、歳が歳だけに手術ができません。幸いまだ初期状態なので、しばらく様子見になっています。昔ならもう耐用年数が過ぎているのでしょうが、医学の進歩のお蔭で生殺しですよ。またご一緒に泳ぎましょう」

長年通っている水泳プールだが、最近では初めのころの顔なじみがめっきり少なくなった。年寄りが減ったせいか、最近はスポーツジムも子供たちの水泳教室に力を入れ始めた。年寄りの練習コースの数も半分以下となり、いささか寂しい思いをしている。

ともあれ、半年ぶりにがんを克服して水泳を再開したNさん。話を聞いているだけで元気が出てくる。

がんで死にたい

昨年はがんにかかわりの深い年でした。まず年初めに、私自身に初期の前立腺がんが見つかり現在経過観察中です。秋には妹が膵臓がんの摘出手術を受けました。また年末には学生時代からの親友が肺がん手術から脳梗塞を併発し、八十三歳の生涯を閉じました。

私はがんにかかる以前から、病気で死ぬなら余命がわかるがんが一番よいのではないかと考えていました。もちろん最後まで苦しむ類のがんはご免ですが。

幸い今では治療法が進歩しています。末期がんでも部位によっては緩和ケアにより、穏やかな最後を迎えることができるとのこと。

年末に発売されたがんを特集した週刊誌によると、今では医者の中にも「がんで死にたい」という人が多いそうです。日本人に多いと言われる脳卒中・心臓発作・肺炎などで苦しみながら死ぬよりも、がんで穏やかな最後を迎えたいと考えているからです。

それに半年とか一年とか「自らの死期が明確になる」方が、人生最後の時間を有意義に生きることにつながるとも。このような理由から「がんはいい病気」とまで言い切る名医もいるそうです。

私もがんを告げられて初めて、つい先延ばしにしてきた身辺整理や家族のこと、葬儀のことなどいわゆる終活に着手しました。残された時間を有効に使う気になったのです。日ごろ書きためた趣味のエッセイを、できれば死ぬまでに一冊の本にまとめたいとも考えています。

このように考えることも、私ががんの恩恵をこうむっている証なのかも知れません。突然死では身辺整理どころか家族や親しい人々へ「さよなら」も言えません。そんなことから今や私の望みは「がんで死にたい」です。

IV

旅・趣味

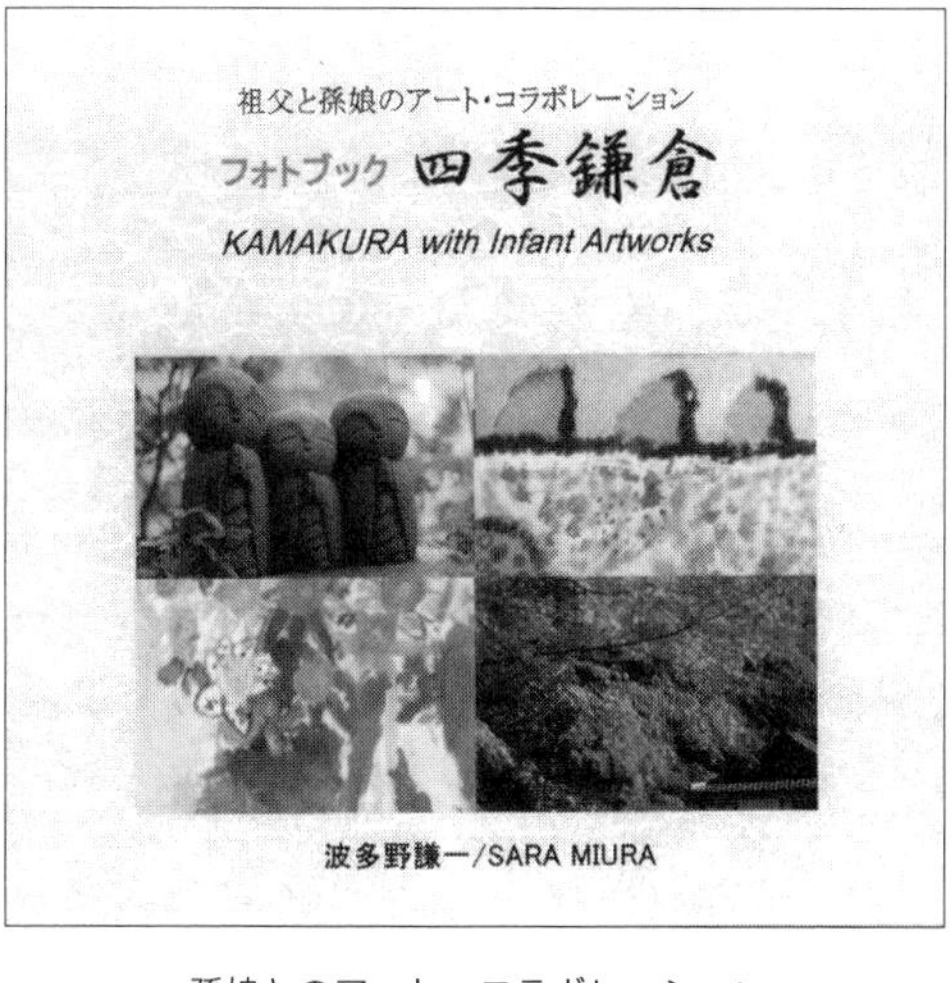

孫娘とのアート・コラボレーション

若き日の山

関東平野の北東部に位置する標高八七七メートルの名峰、筑波山。私が初めて出会った山である。当時、私は電電公社に入社二年目。女体山尾根上にある無線中継所の職員だった。

中継所へは山麓にある社宅から、登山口の筑波神社までランドローバーで登り、そこからケーブルカーに乗り継いで通っていた。

筑波山は本格的登山の対象になるような高山ではないが、私の過ごした冬は珍しく大雪が降り、中継所前の尾根道でスキーができた。

夜勤明けの朝など、ケーブルカー山頂駅近くにある茶店で、顔なじみになった女将《おかみ》によくお茶をご馳走になった。だれもいない山頂尾根で、ひとり静かに眼下に広がる関東平野を眺めていたものだ。遠く霞ヶ浦には、帆引き船の白い帆が陽光に輝いている。

筑波山には一年近く勤務した。その間に串田孫一氏の、ほのかに哲学の香りのするエッセイ『若き日の山』に出会う。東京外語大学哲学科助教授で詩人、登山家でもあった串田氏は、山のスケッチがプロの画家はだしだった。エッセイの随所にちりばめられた、著者の山への深い憧憬《どうけい》を示す、牧歌的な挿絵がいっそう私を山へ駆りたてた。

余暇を利用しては丹沢山塊、秩父山系、八ヶ岳、北・南・中央アルプスなどかたっぱしから登った。中でも丹沢と北アルプスには頻繁に足を運んだ。

丹沢は東京から近い割には本格的沢登りや、二泊三日程度の縦走が楽しめる山塊で、山好きの先輩社員によく誘われた。

若き日の山行きの白眉は、なんといっても電電公社同窓三人で実行した、北アルプスの後立山連峰縦走だ。当初計画は北の白馬岳から南の前穂高岳まで、北アルプス主脈一二〇キロをテント泊二週間で縦走するという、当時だれも考えなかった画期的な計画だった。

しかし途中で夏には珍しい停滞前線に居座られて体力を消耗し、行程半ばの後立山連峰のみの縦走で終わってしまった。

この遭難直前まで行った無謀ともいえる山旅は、生涯忘れられない体験になる。その後、国内外でさまざまな困難に直面したが、その都度この過酷な縦走を思い起こし、なんとか乗り切ってきた。その他、一瞬の判断が生死を分けた晩秋の南アルプス縦走も、忘れることができない青春のひとこまだ。

昨秋、昔の山仲間たちと、若き日の登山出発点となった筑波山へ登った。今は、当時はなかったロープウェーが、あっという間に女体山山頂まで連れていってくれる。あいにくの雨で、山頂からの名立たる三六〇度パノラマは望めなかったが、懐かしい無線中継所前に立ち感無量だった。青春時代に筑波山から始まった私の山旅。六十年後に同じ筑波山で、静かに幕が閉じた。

『青春譜』——友への手紙——

花々が目を楽しませてくれた春が終わり、爽やかな初夏が目の前です。Tさん、その後お元気ですか？　この時期になると五十余年前あなたとNさんと三人で縦走した、北アルプス後立山連峰のことが思い出されます。

あれから四十年後、あなたはあの時の縦走をイメージした壮大な絵画『青春譜』を描き、私の転居祝いに贈ってくれました。あの絵は、かつて山麓の信濃大町に住んでいたことのある妹のたっての願いで、今は彼女の病床に飾られています。絵には次の一文が添えられていましたね。

風が渡る！
雲が飛ぶ！

雲海が広がる！

尾根をとぼとぼ歩く三人はだれ？

彼らは何を目指したのだろう？

それはわが青春のモニュメント？

それは遥かなるわが青春譜！


あのころわれわれ若者は日々の糧のことなど考えもせず、学業の合間を縫ってはひたすら山に登っていました。今にして思えばあの時期、われわれはこれまでの人生の中で一番輝いていましたね。

どんなにつらい縦走であったとしても、帰りの汽車の中では次の山行に思いをはせていました。あれから五十年余。あれほど情熱を傾けて登った山とすっかり縁が遠くなっていました。

先日思いがけない用で、われわれの『青春譜』の舞台となった、北アルプス後立山連峰の山麓にある町、信濃大町を訪れる機会がありました。

用というのは、東京のＩＴ関連企業を脱サラした私の甥が、信濃大町のリンゴ農園で働くことになったので、その様子を見に行ったのです。

新宿から信濃大町まで『特急あずさ』で三時間余り。列車が松本から単線の大糸線に入ると、左手の車窓から残雪をいただいた北アルプスの峰々が見えてきます。五十余年前の東京の街で、恋人に会いに行った時のように胸が高鳴りました。

信濃大町駅には甥が出迎えにきていて、その足で彼のリンゴ園を見せてもらいました。ゆるやかな丘の斜面にあるリンゴ園からは、残雪の後立山連峰と、白い花咲く一面のリンゴ畑を望むことができました。

その後、かねてからどうしても一度は行ってみたいと思っていた、後立山連峰が仰ぎ見られる、黒四ダムへ案内してもらいました。

昔は歩くしかなかった扇沢までの長いアプローチも、今は三〇分ほどの快適な林間ドライブで、関電トロリーバスの扇沢駅へ着きます。

駅近くからはあの時、悪天候と体力消耗から縦走半ばで下山した、針の木岳大雪渓が垣間見られ、五十余年ぶりの再会に思わず胸がこみ上げてきました。

あの縦走で、白馬岳から後立山縦走路最後の難関赤沢岳まで二週間かけてたどり着いたころには私の体力は限界に達していました。水筒には一滴の水もなく、止む無くあなたとNさんに先行してもらい、リーダーであった私は尾根上に一人残りました。岩陰の高山植物に宿るわずかばかりの水滴で舌を湿らしながら、這うようにして針の木岳に向かいました。尾根上から夕闇迫る雪渓の傍らにテント設営中の豆粒のようなあなたの姿を見出した時、私はこれで助かったと思いました。あの時もし三〇分遅かったら……。

現在ではその赤沢岳を貫通したトンネルを通り、トロリーバスが一五分で富山県側にある黒四ダムまで運んでくれます。黒四ダムから更にケーブルカーを乗り継いだ黒部平からは、三人が悪戦苦闘した後立山主峰の五竜岳、鹿島槍岳、爺ヶ岳等が遠望できました。今から思えばよくもあんな険しい山々を、四〇キロを超す重装備で踏破したものです。青春時代の無限とも思えるエネルギーに、われながら感嘆するばかりです。

そろそろ人生縦走路の下山点が見えてきた今日このごろ、五十余年の歳月がもたらす『青春譜』との残酷とも言える落差を、痛感しない訳にはいきません。

黒部平からはロープウエー、トロリーバスを乗り継いでこれも若いころ盛んに登った、富山県側の立山へ行くことができます。当日は時間と体力の関係で黒部平までで引返しました。

帰途の扇沢から信濃大町までのちょうど中間点に位置する日向山高原には北欧風の瀟洒なリゾートホテルがあり、その日はそこに宿泊しました。

露天風呂、ゴルフコースを備え、日本料理屋『吉兆』も入っているなかなか快適なホテルです。五十余年前の原生林が見事に近代的なリゾート地に変身していました。あなたが見たらきっと目を回しますよ。

その夜は甥たちと近くの渓流で取れた岩魚の塩焼をつつきながら、これも地元産のリンゴ酒でほろ酔い気分になり、山の回顧談に花が咲きました。

山の聖地へ来てこんな年寄趣向にうつつを抜かしていてよいのか、との思いが常に付きまとい、落ち着きませんでした。やはり妙なところにまだ自称・元山男の矜持が残っているのでしょうかね。

学業終了後間もなく私は日本を離れ、世界各地が仕事場になりました。今日まであなたとは余暇を利用して中南米、東南アジア各地を旅するなど家族ともどもお付き合いをしてもらいました。

あなたと言う生涯の友を得る契機となった五十余年前の後立山連峰縦走は、私の誇れる『青春譜』であり、その山行の思い出は生涯消え去ることはないでしょう。

ともあれ今回の信濃大町行きは甥の転職、都落ちと言うハップニングがきっかけで、五十余年前の遥かなる『青春譜』にタイムスリップした、私にとって忘れられない旅となりました。

以上がわれわれの『青春譜』の足跡を訪ねた私の小さな旅の報告です。それではTさん、また近く新橋で一杯やりながら昔の山談議でもしましょう。それまでお元気で。奥さんによろしく。

生死を分けた南アルプス縦走

山の天気は変わりやすく、登山者の天候判断がしばしば生死を分ける。二十代のころ親友のT君と二人、晩秋の南アルプス白根三山を二泊三日で縦走した。

二人はその数年前、夏の北アルプス後立山連峰をテント泊で縦走し、遭難一歩手前の経験をしている。今度は山小屋泊まりの軽装で、シーズンオフの静かな南アルプスを満喫しようという計画だ。登山の初日は、白根三山の北側からの登山口にある、当時は無人だった白根御池小屋へ泊まった。

翌日は朝からあいにくの雨だ。同じ山小屋に泊まっていた若者二人が、雨をついて出かけて行った。われわれもよほど出かけようと思ったが、すぐには天候が回復しそうにもないと判断し、一日延ばすことにした。二人とも大の酒好き。ザックにしのばせてきたトリスのポケット瓶をちびちびやりながら、だれもいない山小屋で好天を待った。

翌日は朝から打って変わって快晴。登ること二時間ほどで稜線へ出る。前日の麓の雨が雪になり、尾根道が薄化粧している。紺碧の空を背景に、南アルプスの盟主、日本第二の高峰北岳が白銀に輝いていた。

天気も体調も最高だ。標高三〇〇〇メートル近い人影のない稜線を、口笛気分で歩いて行った。しばらく行くと稜線から一〇〇メートルほど下ったテラスに、誰かツエルトマットを被って寝ているのが見えた。更に五〇メートルほど下った斜面に、同じような格好で別の登山者が横になっている。

「おーい」と声をかけたが返事がない。天気が良いので昼寝でもしているのかと思い、そのまま主峰北岳へ向かう。肩の小屋へ顔を出すと、山小屋の主人が待っていたように訊く。

「お客さん、どこか途中で二人連れの若い登山者に会わなかったですか？」

「特に出会ってはいませんが……。そう言えばだれか二人、山の斜面で昼寝していましたよ」

「実は今ラジオで、二日前に北岳を目指して山に入った男性二人の消息が不明になっている、とのニュースを聴いたばかりなのです。お客さんの見た二人に間違いありませんね！」

早速、山小屋の主人はあわただしくどこかと無線連絡を取っている様子。

「なにか我々にできることはありませんか？」

と申し出ると、

「捜索隊と連絡が取れたのでなんとかします」

とのことだ。後ろ髪を引かれる思いだったが、次の宿泊地、農鳥小屋へ向けて出発した。最終日、紅葉真っ盛りの西山温泉で汗を流し無事帰京した。もし登山二日目、白根御池小屋に連泊せず、あの若者たちのように雨中登山していたら、彼らと同じ運命をたどったことはまず間違いない。とっさの判断が二組の生死を分けたと言える。

アマゾン河源流遡行

三年余りのコロンビアの仕事が終わりに近づいた一九九八年の年末。かねてから念願の、アマゾン源流を妻と二人で遡行することにした。

観光客は普通、ブラジルならサンパウロかリオデジャネイロから、ペルーなら首都リマからアマゾン各都市へ飛ぶ。私たちの場合は地の利を生かして、安上がりなマイナールート、コロンビア領レティシアから入ることにした。

ペルー、ブラジル、コロンビアの国境に位置する、アマゾン源流遡行の基地レティシア。首都ボゴタから空路二時間の旅だ。人口二万人余りの熱帯ジャングルの中の町で、観賞用の熱帯魚の積み出し地として知られている。

レティシア空港へ到着したころ、町は既に漆黒のジャングルの中に沈んでいた。その夜は親しいコロンビア人に紹介された、アマゾン源流にしては珍しいクーラーの効いた清潔なホテルに投宿。まずはひと安心して、その夜は二人とも熟睡した。

翌朝、部屋のカーテンを開けてみてびっくり。前の晩は真っ暗でまったく気がつかなかったが、部屋の前を茶褐色のアマゾン河が滔々《とうとう》と流れている。対岸に見える鬱蒼《うっそう》としたジャングルはすべてペルー領土だという。辺境へやってきた実感が湧いてきた。

早速ホテル近くの船着き場から船外機付きの小舟に乗る。乗員はガイドと船頭を含めて十人。全員が救命胴衣を着け、アマゾン源流へと向かう。

乗客は、アメリカ人、スペイン人、イタリア人、コロンビア人、日本人のわれわれ夫婦と国際色豊かだ。全員いかにも旅慣れたバックパッカーといういで立ちである。

興味深いのは、乗客のイタリア人とコロンビア人は、お互いにそれぞれの母国語を使ってなんとか意志の疎通ができることだ。

考えてみれば、スペイン語もイタリア語も同じラテン語から派生した言葉。文法はもちろん発音も非常に似ているので当然といえば当然の話だ。狭い島国の中でしか通じない日本語を母国語とするわれわれには、なんとも羨ましい話だ。

舟に乗って半日近くたったころガイドが、

「お客さん、ピンクイルカが見られるかも知れませんよ！」
と言ってわれわれをアマゾン支流の中の小さな湖へ連れて行く。一度くらいの旅でピンクイルカに出会えるのは難しい、と言われていたので幸運だ。天の恵みか、イルカの群れがアマゾンの川面にジャンプする、天然の一大スペクタクルを見ることができた。

地元のインディヘナは、イルカには魔術的・超自然的な力が宿っていると考え敬ってきたので、乱獲されず今日まで生き残ってきたとガイドが説明する。

旅の最終日は元日で、この日われわれはペルーとコロンビアの国境を遡行しブラジルへ向かった。三ヵ国の国境地帯では、旅行客はパスポートなしで自由に出入りができる。われわれ「多国籍チーム」は、新年のブラジルの寒村へ上陸し、村の小さな茅葺《かやぶ》きの食堂に入り地ビールで乾杯。アマゾン河源流の寒村で、欧米、ラテンアメリカ諸国の人々とともに新年を祝った。旅行前までは考えてもみなかった、お仕着せのツアーでは味わえない楽しみだ。

アマゾン源流地帯探査を終えレティシアへの帰途、オレンジ色に染まった太陽がはるか対岸のペルーのジャングルへ沈んでいく。あたりに深い夕闇が漂い始めるまで、アマゾンの壮大な落日から目を放すことができなかった。

東慶寺と私

北鎌倉・東慶寺までは、家から電車で二十分足らずで行くことができる。これまで趣味の写真撮影で百回近く通っているが、いつ行っても花が絶えない、心鎮まる寺である。初夏の境内では、鎌倉でも珍しい岩たばこや、岩がらみの花を見ることができる。

東慶寺は明治末期まで尼寺だった伝統があるせいか、現在でも寺のスタッフはほとんどが若い女性だ。そのためか寺が運営しているギャラリー&ショップもモダンで、なかなかセンスが良い。明るい洋風建物の中に展示されている、伝統工芸と現代感覚の手工芸品が、程よく調和している。

東慶寺のホームページに開設されたフォトギャラリーでは、境内に咲く四季の花々を撮った写真を常時募集していて、入選作をカレンダーや絵はがきにして併設のギャラリー&ショップで販売している。

私も何度か応募し、三年前の作品がカレンダーに、翌年の写真がカレンダーと絵はがきに選ばれた。

自分の撮った写真がカレンダーや絵はがきになり、多くの参拝客に買ってもらえることは、この上ない喜びだ。残念ながら昨年から東慶寺はこの企画を止めてしまったようだ。

それでも数多い鎌倉のお寺の中で、東慶寺は私の一番お気に入りの寺だ。死んだらここへ骨を埋めてもらいたいとさえ思っている。

しかし、東慶寺は室町時代以来の名刹だ。その上、明治以降では、西田幾多郎、岩波茂雄、和辻哲郎、小林秀雄など著名文化人の墓も多い。私など逆立ちしても無理だろうと諦めている。

東慶寺とはこの世におけるアート世界だけのお付き合いになるが、それだけで十分満足している。

東洋文庫ミュージアム

東京駒込にある都立庭園六義園。十八世紀の初め、川越藩主柳沢吉保が築園した大名庭園である。数ある都立公園のなかでも、満開のシダレザクラとモミジの紅葉が見事なことで知られている。

これまで趣味の写真撮影でたびたび通っている。昨秋、紅葉撮影の帰途にふと思いつき、近くにある東洋文庫ミュージアムへ立ち寄ってみた。前年の夏、六義園と同じ三菱グループが運営するこのミュージアムのことを知り、一度行ってみたいと思っていたのだ。

東洋文庫は三菱第三代当主岩崎久彌が、一九一七年にオーストラリアの冒険家アーネスト・モリソンから、現価約七十億円で購入した蔵書を核に設立された。東洋学分野での日本最古、最大の研究図書館であり、世界五大東洋学研究図書館の一つに数えられているという。

二階の一画に約二万四千冊のモリソン書庫がある。書棚のレイアウトと間接照明が実に効果的で、日本一美しい本棚との定評がある。たびたび映画のロケにも使われているらしい。書棚に並んでいる本自体には関心がなくとも、映画『ハリー・ポッター』の世界を思わせる書庫全体の幻想的な佇《たたず》まいは、一見の価値がある。

展示されている主な図書は、『魏志倭人伝（写本）』『日本書紀（写本）』『東方見聞録』『御成敗式目』『徒然草』『解体新書』など、歴史教科書でおなじみのものが多い。

なかでもマルコ・ポーロの実物の『東方見聞録』は各国語に訳された、さまざまなバージョンが集められていて圧巻だ。『魏志倭人伝』『日本書紀』などの古文書はもちろん後世の写本だが、一五世紀にグーテンベルグが印刷術を発明する以前の先人たちの苦労、忍耐がしのばれる。

岩崎家に限らず明治政府に取り入った政商、財閥たちは、大名庭園を買い取ったり世界中の古文書を買い集めたりした。維新の混乱の中でずいぶんと荒稼ぎをしたようだ。明治維新がブルジョア革命と呼ばれる所以《ゆえん》でもある。

一通り館内を見てまわった後、時分どきだったのでミュージアム中庭に面した『オリエント・カフェ』に入ってみる。これがまた、いかにもカルチャー・スクールのご婦人たちが好みそうな雰囲気の店で、九割がたは中高年の女性予約客だ。

なんとかカウンターに一席確保してもらい、ランチを注文する。何気なくナプキンを見たら毎朝家で飲んでいる牛乳の生産地『小岩井農場』のロゴが入っている。ウエイトレスに聞いてみたら、このカフェは岩手県の小岩井農場直営店だと言う。

「お客さんが召し上がっているランチの牛肉は、小岩井農場からの直送品なのですよ」と言われ、「道理で柔らかくて美味しい」と言ったら大喜び。農場のパンフレットを持ってきていろいろと説明してくれた。

東洋文庫の創設者である岩崎久彌は小岩井農場の経営者でもあり、この二つを終生こよなく愛し支援したという。カウンターの棚にはワイン、ウイスキーなど各種洋酒が並んでいる。夜は九時半まで営業しているとのこと。次は昼ではなくディナータイムに行きたいのだが、横浜のわが家からちょっと遠いのが玉に瑕《きず》だ。

緑豊かな大名庭園で四季の移ろいを愛《め》でた後、ミュージアムで悠久の東洋の歴史、文化に浸る。散策で疲れたら、おしゃれなカフェテリアで前庭にある近代彫刻を鑑賞しながら、ゆったりとコーヒーなど味わう。

半世紀余りを馬車馬のように海外を駆けめぐってきた私の、ちょっぴり贅沢な余命の過ごし方である。

小金宿のギャラリー・カフェ

秋も終わりのある日の朝のこと。

「あなた、いま北小金の本土寺の紅葉が見ごろのようよ」

と、テレビの天気予報を見ていた妻が言う。風景写真が趣味の私に、出かけてみたらどうかと勧めているのだ。幸い天気も良い。カメラ片手に常磐線に乗り、北小金駅で下車した。

駅から本土寺にいたる参道の傍らには、地元産の漬物や手作りの饅頭を売る店が軒をつらねている。そこで妻に黒餡饅頭、自分の晩酌のつまみに高菜漬けを買う。

本土寺を参拝した後、参道の途中にちょっと洒落たギャラリー・カフェを見つけ、ちょうど昼時でもあったので入ってみた。明るい室内にはシャガールの絵が十点ほど飾ってあり、参道に面した窓際のテーブルで中年のカップルが一組、食事中だった。

このところ外出時によく食べる、パスタランチを注文する。料理が出来上がるまで少々時間がかかったが、それだけのことはあった。スープやパスタの味に、手作りの優しさがにじみ出ている。よく昼食で行く、新宿の会社近くのレストランとはひと味もふた味も違う。食べる喜びを感じさせる味だ。

食後に店の経営者らしい中年女性がやって来て、

「お客様、パスタの茹で方が少し硬くなかったでしょうか？」

と訊くので、

「いえ、ちょうど良かったですよ」

と応えた。

このちょっとした会話がきっかけになり、店に展示されているシャガールの絵についてひとしきり語り合った。その後、本土寺と鎌倉の明月院のあじさいに話題が移る。

「お客様の中には鎌倉の明月院より本土寺の花の方がきれい、と言われる方が大勢いらっしゃいますよ」

「私も鎌倉の明月院には毎年行くのですが、花の色が青一色で、ちょっと物足りない感じですね」

聞けばこの店は経営者ともども女性四人で、あじさいと紅葉の時期だけ季節営業をしているとのこと。美術好きの仲良し女性が、なかば趣味でやっている感じだ。

今どき珍しい大人の雰囲気を持つ店の洗練された料理に満足し、食後のコーヒーをすすりながら一人静かにシャガールを鑑賞する。

親しい友人たちと赤提灯で一杯やるのも楽しいが、時にはこういう店で心静かな時間に浸ることも、大事にしたいと思った。

「来年のあじさいの時期にも是非いらしてください」

女主人の声を背に、店を後にした。参道沿いにある小公園の銀杏が、午後の陽を浴びて黄金色に輝いていた。

晩秋の京都・淡路の旅

数年前、妻とともに京都へ紅葉狩りに行った。しかし、その年の紅葉は四年ぶりの不作で、二人ともがっかりして帰ってきた。妻の長年の夢だっただけに、失望も小さくはなかった。

今回は旅行直前の紅葉情報を念入りに確認した。最終目的地は、現地でタクシー運転手と相談して決めることにする。

旅行初日は祇王寺を手始めに、あまり観光バスの行かない二尊院、源光庵、圓光寺、詩仙堂など、紅葉真っ盛りのお寺を訪れた。夕刻には宝ヶ池近くにあるグランドプリンスホテル京都へチェックイン。

このホテルは、以前に泊まった京都駅隣接のホテルグランヴィアとは違い、国際会議場近くの静かな森の中に建てられている。ライトアップされた紅葉が映える庭に面して、洒落たカクテルラウンジがある。夕食前に顔を出してみたらバーテンダーが、「ちょうどフランスから新着のボジョレー・ヌーボーが入ったところです」と言って無料サービスしてくれた。さすが国際観光都市京都、サービスもなかなかあか抜けている。その日は横浜早朝出発の疲れもあり、二人とも熟睡した。

翌日は朝から好天気。タクシー運転手に頼んで急きょ行先を変更し、比叡山延暦寺へ登り、世界遺産の根本中堂へお参りした。以前から一度は登ってみたいと思っていた聖域だ。お堂付近には前夜降った初雪が残っていた。山頂からは澄んだ秋空のもと、京都市街、琵琶湖が一望でき二人とも大満足だった。

途中、紅葉を愛《め》でながら山を下り、石川五右衛門の「絶景かな……」で有名な南禅寺へ立ち寄る。付近の老舗ソバ屋で昼食を済ませ、天竜寺、詩仙堂とともに京都三大紅葉名所の一つである東福寺を訪れた。

運転手にあらかじめ断わられていたが、さすが名だたる紅葉名所だけに、それまで訪れたお寺と異なりたいへんな人の波だ。通勤電車なみの混雑で立ち止まることができず、写真も満足に撮れない。

一部に混雑した場所はあったものの、運転手の機転のお陰で全体として噂に聞いた、素晴らしい京都の紅葉を楽しむことができた。ここ数年溜まっていた妻のストレスも、十分に解消されたようだ。

東福寺を最後にして古都に別れを告げる。午後の新幹線で新神戸まで足を延ばし、その日はポートアイランドの神戸ポートピアホテルへ入った。ホテルの宿泊客の約八割は中国人観光客で、われわれの予約した客室は彼らのために回されていた。

フロント係は「誠に申し訳ありません」と謝り、一般客がアクセスできない神戸港の夜景が見える二十七階の特別室へ、料金そのままでグレードアップしてくれた。

大都会のホテルなので、いつもは楽しみにしている露天風呂はない。そのかわり三十階のレストランから港の夜景を眺めながらのワインの味は、なかなかのものだった。

旅行の最終日は、鳴門の渦潮見物だ。神戸から一時間半あまり、神戸淡路鳴門自動車道をひたすら走り続け鳴門海峡に着いた。

しかしその時間帯はちょうど潮の流れが止まっていて、渦が見られる二時間後までは定期観光船は出航しないという。午後の新幹線の予約があるので、それまで待つ訳にはいかない。

渦は見られなくとも、せめて大鳴門橋の下ぐらいはくぐってみたいと思った。気の毒に思ったのかタクシー運転手が、近くの伊毘《いび》港から、われわれ二人のために観光クルーザーを出しても良いとの話を聞いてきた。

定員十数名の船で、料金は通常四万円だが、はるばる横浜からきてくれたお客さんなので、二人四千円で結構ですという。それでは燃料代も出ないのではないかと心配になったが、せっかくの好意なので乗せてもらうことにした。

まさにわれわれ二人の貸し切りだ。二十年近く前、ボリビアにある世界最高所のチチカカ湖を訪れた時にも同じようなことがあった。だが、あの時は私一人だった。

予期したように潮の流れはほとんど止まっていて、残念ながら大渦を見ることはできない。だが、橋の周辺は絶好の漁場になっているらしく、付近を操業中の漁船が大物を釣り上げる光景を楽しむことができた。

クルーザーを下船して、海峡を見下ろす絶景ポイントにあるレストランで昼食にする。そのころになって巻き始めた渦を見ながら、近隣の海で獲れた新鮮な魚に舌つづみを打った後、淡路島に別れを告げた。

　晩秋の京都、淡路、鳴門を巡る二人旅。幸い天気にも恵まれ、人生行路の終着点近くにいるわれわれにとって、忘れられない旅になった。二人はともに八十代。いつまでこんな穏やかな旅が続けられるのだろうか。

　帰宅して何気なく点けたテレビで中島みゆきが、「〽ヘッドライト・テールライト旅はまだ終わらない」と、懐かしい『プロジェクトX』のエンディングテーマを歌っていた。私の好きな曲のひとつだ。彼女が歌うように、われわれの旅は本当にまだ「終わっていない」のだろうか？

渡来人の里・高麗郷

埼玉県日高市にある高麗《こま》川の巾着田《きんちゃくだ》へ彼岸花を見に行った。高麗川とその周辺の山々には、公私ともども忘れがたい青春時代の思い出がある。

NTTに在職していた一九五八年、私は東京・麻布の東京統制無線中継所（東京端局＝略称・東端）に勤務していた。東端が巡回保守を統括する無人無線中継所のひとつに、高麗の裏山に位置する高指無線中継所があった。

高指無線中継所は、東京～新潟～金沢～大阪を結ぶ、マイクロ波無線回線の東端を起点とした最初の無人中継所だ。東端ではマイクロ波無線機器の試験・整備を担当していた。車の運転免許証を取らされ、ジープを運転しては定期的に無人中継所の巡回保守に出かけた。高指無線中継所は標高三〇〇メートル余りの山頂にあり、周辺の村落には旅館など宿泊施設はなにもない。巡回時には中継所の仮眠室に設けられている、二段式ベッドに寝泊まりした。

山頂にいたる山あいには、平家の隠れ里を思わせるひっそりとした農家が点在している。いかにも話に聞いた、高句麗からの渡来人子孫が住んでいそうな集落だ。

史実によると次のようになる。七世紀半ば、高句麗使節団副使・玄武若光《げんぶじゃっこう》が、飛鳥朝廷へ唐・新羅連合軍との戦争支援を求めてやってきた。しかし祖国が連合軍に滅ぼされ帰れなくなり飛鳥にとどまることになった。やがて若光は朝廷から「高麗王」の称号を授かり、武蔵国に集められた高麗人千七百九十九人のリーダーとして、高麗郡の基礎を築いた。

私はかつて埼玉県・狭山市に住んでいたことがある。古代では狭山市の一部も高麗郡に含まれていて、高麗人はかなり広い地域に分散して住んでいたようだ。私はこの古代ロマンの香る高麗郷に惹《ひ》かれ、余暇を利用しては若光ゆかりの高麗神社や聖天院《しょうてんいん》をしばしば訪れたものだ。

あれから五十年。西武池袋線の高麗駅を降りるとまず出迎えてくれるのが、天下大将軍・地下女将軍と刻まれた、異国情緒あふれる魔除けの将軍標（境界標）だ。このトーテムポール、昔はもっとひっそりと建っていたが、今では高麗郷全体のシンボルとして、カラフルなものに置き換えられている。

高麗川の巾着田には、昔は見られなかった日本最大級五百万本という彼岸花が、林間の木漏れ日を浴びて咲き競っていた。地元観光協会の話によると平成に入ってから河川敷沿いの雑木林の草刈りが行われ、自生していた花が目立つようになったとのこと。

巾着田の中ほどには、これもあの当時にはなかった屋台店が何軒も出ていて、高麗川の清流で釣ったばかりの子持ちアユを食べさせてくれた。散策で汗ばんだ肌に、高麗の川風が心地よい。

その後、玄武若光ゆかりの高麗神社と聖天院を訪れた。ここまで来ると高麗駅から三キロ近く離れているので人の姿はまばらだ。高麗神社に参拝して、宮司の高麗《こま》文康《ふみやす》氏が玄武若光六十代目子孫だと知る。なんと千三百年にもわたり、高句麗人の血が脈々と受け継がれてきたのだ。悠久の歴史を感じずにはいられない。

高句麗といえば現在の北朝鮮の一部だ。古代日本（当時は倭国と呼ばれた）は高句麗からの難民を、当時としては破格ともいえる一七九九人も受け入れ、東国に土地を与えた。また高句麗の前には、百済からの移民（多くは王族・貴族）を数万人受け入れ、飛鳥周辺に住まわせている。

一三〇〇年間には日本人と渡来人との混血もかなり進んでいるはずで、ひょっとすると私自身にも彼らの血の一部が流れているのかも知れない。

先日、テレビの歴史番組で著名な歴史家が、現在の日・韓・朝関係を理解するには近代史だけでは不十分で、古代史を学ぶことが大切だと言っていたが、まさにそのとおりだと思う。

「歴史認識」問題では、日本は秀吉の朝鮮出兵などの歴史は反省しなければならない。一方韓国や北朝鮮にも、かつて日本が百済や高句麗からの難民受け入れに力を入れた時代があったことを思い起こして欲しい。日本も主張すべきことは主張し、両国が冷静に話し合うことが必要だ。

私が高麗郷へ行った翌日、天皇（現在の上皇）ご夫妻が高麗神社を訪れ、そのニュースが韓国で好意的に伝えられた。

旅の帰途、高麗駅近くの店で買ってきた、彼岸花の球根がベランダで花開いた。今年も秋が楽しみだ。

晩秋の裏日光ひとり旅

晩秋の山の写真を撮りに、日帰りで日光へ出かけた。幸い朝から好天に恵まれ、これなら良い写真が撮れそうだと期待して、新宿から特急列車に乗る。ところが、電車が大宮を出たところで人身事故が発生し、車内に二時間近くカンヅメにされてしまった。

イライラしながらやっと着いた。東武日光駅から路線バスに乗ろうとしたところ、目的の中禅寺湖方面はひどい渋滞だった。運転手に、「この時刻ではお客さんの予約している、帰りの最終特急列車には間に合いませんよ」と言われガックリ。

どうしたものかと、昼飯に入った駅前食堂で相談したところ、「裏通りに小さなタクシー会社があります。時間決めでツアーを頼んでみたらどうですか」と勧められた。早速行ってみると七十代ぐらいの女性が出てきて、「今すぐ車を呼びますから、それまでお茶でも飲んで待っていてください」と言う。

出された手作りの梅の砂糖漬を味わっていると、やってきたのが白髪の見事な、これまた七十代の運転手。「お客さん、私は中禅寺湖などよりはるかに紅葉の素晴らしい場所を知っています。そこへご案内しましょう。必ず帰りの特急列車には間に合うように戻ってきますよ」と自信満々だ。

実直そうな運転手だったので、信用して乗ることにする。連れて行かれたのは、霧降高原、瀬戸合峡、川俣湖など、中善寺湖の北東部にあたる、いわゆる裏日光エリアである。観光客にはめったに出会わない秘境だ。

紅葉は少しばかり見ごろを過ぎていたが、突き抜けるような高原の碧空に、ぷっかり浮かぶ白い雲が、晩秋の陽光に輝いていた。運転手が自慢するだけのことはある。

紅葉スポットからスポットへ移動する間、運転手は私を退屈させないようにとよくしゃべる。彼はなかなかの趣味人だ。マミヤカメラのフィルム現像の話、一本二十五万円する真空管を使いアナログ・レコードを再生する話など、次から次へと話題が尽きない。

久しぶりに懐かしい山の匂いを嗅ぎ、地元の人の心遣いに触れ、仕事で落ち込んでいた気力を取り戻した。

運転手によると、私にお茶をご馳走してくれた年配女性は、タクシー会社の社長とのこと。彼自身は東京・阿佐ヶ谷の会社を定年で辞め、奥さんともども日光へ移住してきた元サラリーマンだという。

二人とも商売気抜きで、一人旅の私を心から歓待してくれ楽しかった。グループ旅行ではまず味わうことのできない、臨機応変に対応できる一人旅だからこその醍醐味である。

「来年は是非一週間ほど早目に来てください」との運転手の声を背に、予定していた特急列車に乗る。車窓には夕闇が迫っていた。

ゆる山歩き 思わぬ出会い

新聞の梅の開花情報を見て、御殿場線に乗り下曽我で下車した。駅前にいたボランティアの中年男性に道順を訊くと、

「このあたりの梅林は観光用ではないので、あちこちに点在しています。場所を口で説明するのは難しいので、私が無料でご案内しましょう」

と言う。

「ありがたいけれど、私だけのためにあなた一人を独占しては悪いですよ」

「ちょうど女性二人を案内するところだったので、よろしかったらご一緒にどうぞ」

そんなことで図らずも若い女性二人とともに、半日の予定で、ガイドに連れられ観梅のゆる山歩きをすることになった。こちらは写真撮影が目的で来たので、自由行動が制約されるのではないか、と正直ちょっとありがた迷惑のきらいもあった。だが、それは

まったくの杞憂に終わった。二人の女性のうち一人は写真に興味があるらしく、私の撮った液晶画面を見て写真の構図など、いろいろと質問をしてくる。

曽我の梅はちょうど見ごろを迎え、花の周りには甘酸っぱい香りが漂っていた。二人は道端の花に顔を寄せ「とても良い香りですよ」と私にもかぐようすすめる。

梅林の中の花の寺として有名な古刹・瑞雲寺。名物のしだれ梅がちょうど満開だった。そこでへぼ句を一句ひねった。

曽我の里お茶でもてなす梅の寺

梅林のはるかかなた、相模湾の向こうに真鶴半島が霞んで見える。ぼんやりとではあるが富士山も顔を出してくれた。ガイドの説明も押しつけがましさはなく、感じがよい。予定の終着点、別所梅林でガイドにお礼を言って別れた。ちょうど時分どきだったので、三人で梅林の食堂へ入り、名物梅うどんをすすりながら写真談義の続きを始める。

「今日はずいぶん写真を撮っていらっしゃいましたが、お帰りになったらどうやって整理するのですか？」

「気に入った写真を選び、電線や人物など障害物があればパソコンで削除して仕上げ、フォトブックにまとめます」

「フォトショップ（画像処理ソフト）とか使われるのですか？」

「そうです。よく知っていますね」

「私も時々フォトブックを作りますので」

彼女たちはもう少し話をしたい様子だったが、こちらも少々疲れが出始めていたので、午後からの二人の旅の無事を祈って別れた。

今度の早春のゆる山歩きはまったくのハプニングで、自分の娘よりも若い女性たちと出会い、共通の趣味で話がはずみ楽しかった。こんなことが起こるのも、一人旅の良さかもしれない。次はいよいよ桜のシーズン。どんな出会いが待っているか楽しみだ。

久里浜海岸の水仙

久里浜海岸で水仙まつりをやっていると聞いた。カメラ片手に出かけてみると、祭だというのに人影はまばらで、地元観光協会のお年寄りが一人で出迎えてくれた。

「お客さん、どちらからいらっしゃいましたか？」

「横浜からですが」

「それは遠いところをありがとうございます。寒いので甘酒でも召し上がってくださ い」

と、海辺に張られたテントの中で地元の酒をご馳走になる。甘酒など子供の時以来飲んだことはなかったので、久しぶりに童心に帰った。パンフレットを示しながら、水仙の見どころをていねいに教えてくれる。町の店はシャッターを下ろしているところが多く、地元の町興《おこ》しに一生懸命な様子がよく伝わってくる。

水仙はちょうど見ごろだった。寒風に耐えて咲く、白い小さな花が健気だ。天気が良く、対岸の房総の山々が指呼《しこ》の間《かん》だ。浦賀水道を液化天然ガスタンカーが行き来している。甘酒を飲んで干からびた脳細胞に血がめぐり、駄句を一句吐いてみる。

水仙や海の彼方に安房の山

教えられた「水仙ロード」を歩いて行くと、海岸で小正月に行われる、どんど焼きの準備をしているところに出会った。

正月に使われた松飾り、しめなわ、書き初めなどが十メートルほどの高さに積み上げられている。これを小正月に燃やすのだ。

どんど焼きは、火が穢れを浄め新しい命を生み出すという、平安時代の神事に起源があるとのこと。その昔イランの砂漠で出会った拝火教と関係があるのではないか、などと松本清張ばりの推理をしてみる。

時分どきになったので、散歩コースの終わり近くの高台にあるビストロへ入った。和牛ハンバーグ専門店で、コーヒー付のランチはまあまあの味だ。

店には撮影の帰途らしい数人の中高年男女素人カメラマンがいて、ビールで乾杯をしている。カウンターの棚にはワインが各種並べられていた。私も一人乾杯したかったが、まだ先が長いので我慢する。

時間どおりにやって来た帰路のバスは、久里浜～金谷フェリー発着港経由だ。バスが港へ着いた時、ちょうど船が対岸の金谷へ向けて出航する間際だった。よほど乗ろうかと思ったが、帰りの時間を考え踏みとどまった。

今回の小旅行の目的の一つ、水仙の撮影成果はまあまあだった。来年の自作カレンダーに載せよう。次に来る時はフェリーで対岸へ渡り、房総半島側から三浦半島を撮ってみるつもりだ。一時間に一本しかないバスでJR久里浜駅へ着いたころには、すでに陽は西に傾いていた。

孫娘とアート・コラボレーション

八年前に会社経営の一線から身を引き、趣味で風景写真を始めた。親しい友人の一人から、鎌倉風景写真の第一人者である原田寛プロを紹介されたのがきっかけだった。原田プロの教室で写真の基礎を勉強した後、鎌倉市内の寺社で現場実習に励んだ。この教室は一年続いたが、その後も一人で鎌倉中の寺社を巡り撮影した。撮影枚数が約四万点になったところで、写真集にまとめようと思いたった。

そのころニューヨーク在住の当時六歳の孫娘から、毎月彼女が描いた絵などのアートワークが送られてきていた。作品には抽象画など、なかなか面白いものが多く含まれている。

私の写真とのアート・コラボレーションができないかと考えた。師匠の原田プロに私と孫娘の作品を見てもらったところ、

「なかなかユニークな企画ですね」

との嬉しい感触を得た。

原田プロのアドバイスを受けながら、『写真集・四季鎌倉―祖父と孫娘のアート・コラボレーション―』を制作し、一部を贈呈した。

プロから、

「これまでにない魅力的な写真集で、見る人の心をとても温かくしてくれます」

とのコメントが届くとともに、フォトコンテストへの応募を勧められた。

早速その年の富士フィルム全国フォトコンテストに応募したところ、はからずも優秀賞を受賞。作品が全国六大都市で展示された。競争率は約二百倍だった。

表彰式の会場で著名写真家の審査員、榎並悦子氏に話を訊いてみた。講評は、

「作品を通してオジイチャンとお孫さんの会話が成り立っていて、それが見る人のこころをほのぼのとさせてくれます」

と、きわめて好意的なものだった。

コンテスト入賞のことをニューヨーク在住の孫娘に話したところ、本人は何のことや

らわからず、チンプンカンプン。

母親によると、孫娘の小学校には『子供はみな芸術家』との指導方針があるという。この方針のもとにゴッホ、ピカソ、マチスといった近代画家の絵をテーマにして自由に描かせている。生徒はみなそれなりの絵を描いていて、孫娘だけに特に才能があるわけではない、と冷静に受け止めていた。

原田プロの評価は、私の写真も孫娘の絵も平均レベルよりやや上程度。祖父と孫娘のコラボという、これまでに誰も考えなかった作品にまとめあげたことがきわめてユニークだというものだった。

孫娘が成長して世間の評価を知り、あらためてオジイチャンとコラボした日々を思い出してくれれば、これ以上の幸せはない。

俳写コラボ

風景写真を始めてから八年ほどになる。四季折々に撮った写真にタイトルを付けることは、やさしいようで結構難しい。歳時記なども参考にしているが、少々長いタイトルなどはもう少しで俳句になりそうだ。

私はこれまで日本各地で撮った風景写真に、簡単な紀行文をつけ、古くからの親しい友人たちにメールで読んでもらっている。そのうち紀行文の代わりに、写真と俳句を組み合わせてみたらどうかと思いついた。二、三のサンプルを作り、彼らの意見を聞いてみた。

写真はともかく俳句などまったく素人の思いつきだ。かなり辛口のコメントも返ってきた。しかし新しい分野への挑戦だとして、おおむね好意的だ。友人の一人は「俳句と写真のコラボレーション」、略して「俳写コラボ」なる名前を考えてくれた。

友人たちに励まされて「俳写コラボ」を始め、最初に突き当たった壁が、これまでの伝統的俳句では不可欠な季語だ。

数は少ないがインターネットなどでは著名作家が代表する、「俳写コラボ」なるブログがある。そこでは俳句と写真が、それぞれ独立した作品としても通用することが理想的とされている。

しかし多くの場合、風景写真には花、緑、紅葉など写真自体に季語が含まれている。写真なしの俳句としても通用させようとすると、画面に桜が写っているのに「山桜……」と詠むことになる。これでは俳句の世界では避けられている、季重なりになってしまうではないか。そこで私は、写真自体に季語が含まれている場合には、あえて季語を詠まないことにした。

もうひとつの問題は、これまでに撮った写真を見ながら発句すると、俳句が写真の説明になりがちだということだ。それを避けるためには吟行型にするしかない。しかし写真単独だけでもそれなりに通用する作品を撮りながら、同時に撮影現場で発句するのは至難の業だ。解決策として、あらかじめ発句を前提として被写体（撮影地）を絞り、時間をかけて撮影する方法がある。

更に大きな問題があることに気が付いた。鎌倉時代の連歌を起源とする有季定型（季語＋五七五）俳句。複数の参加者の間で連想の範囲を限定する必要性から、季語なる約束事が考え出された。何の制約もない自由発想の写真とはもともと相性が悪いのではないか、という根本的な問題だ。

しかし、しょせんは趣味の世界の話だ。あまりむきになって考える必要もない。自分なりの自由なやりかたで楽しんでいこうと考え直した。インターネットなどを見ても、この分野の作品はあまり載っていない。しばらく試行錯誤を続けようと思っている。

スペイン語と私

白銀に輝くアンデスの山々に囲まれた、天空の湖チチカカ。聞こえてくるのは、湖上を渡る風の音だけ。インディヘナの漕ぐ小舟にひとり身をゆだねながら、五十年前の青年時代に思いを馳せた。

当時、失恋の痛手の中にいた私は、日本から一番遠い南米のチチカカ湖へ行こうと思い、一人旅に必須なスペイン語の勉強を始めた。何ともセンチメンタルな話だ。電電公社勤務のかたわら、東京スペイン語学院へ二年近く通った。

この学校はNHKラジオのスペイン語講座講師、瓜谷良平先生が学院長で、東京外語大教授などデラックスな講師陣が看板だった。

そんな私の噂が、通信コンサル会社幹部の耳に伝わった。日本の電気通信技術海外進出を目的に、電電公社の後押しで設立された会社である。「そんなに南米へ行きたければわが社へ来ないか」と誘われ、渡りに船と即座に承諾する。

コンサル会社入社直後、インカの国ペルーとともに、夢にまで見たアステカの国メキシコへの初出張が決まった。海外渡航自由化前の当時、外国へ行けるのはごく一部の人たちである。周囲からたいへん羨ましがられた。出発当日は、友人親族が羽田空港で万歳三唱し見送ってくれ大感激したのを覚えている。

生まれて初めての海外渡航。見るもの聞くものすべてが新鮮だった。週末を利用しては一人で遠距離バスに乗り、メキシコ各地を旅した。私のつたないスペイン語がなんとか通じるのが嬉しくてたまらず、予定の二ヵ月が過ぎてもまったく日本へ帰る気はしなかった。

メキシコから帰国後、ドミニカ共和国、ベネズエラなど中南米諸国へ何回か出張した。しかし、だんだん管理業務が多くなり、海外現場でスペイン語に接する機会は減っていくばかりだった。

五十代で役員になったが、間もなく天下ってきた新社長と意見が合わず辞表を提出。コロンビア電話会社技術顧問となり、首都ボゴタで三年余り暮らす。コロンビアでは、有能な秘書を家庭教師に見立て、西文コレポン書きを実習。毎日欠かさず現地のスペイン語新聞にも目を通した。

コロンビア在勤中、パナマ、ペルー、ボリビア、ブラジル、アルゼンチンなど中南米諸国を一人で武者修行に出かけた。

帰国後は横浜スペイン語センターで六年間、ネイティブの先生についてラテンアメリカ文学を勉強。その間に、ノーベル文学賞受賞作家ガルシア・マルケスの『百年の孤独』を翻訳した。

大作翻訳完了でそれまでの緊張が一気にほぐれ、スペイン語持続エネルギーが枯渇してしまった。若き日の失恋が動機で始めたスペイン語。雨の日も風の日も常に私とともにあったが、そろそろお別れの時がきたようだ。

『百年の孤独』翻訳

『百年の孤独』はコロンビアの作家ガルシア・マルケスの、ノーベル文学賞受賞作である。私はコロンビア滞在中、電気通信調査で、小説の舞台となったカリブ海沿岸地方へ行ったことがある。そのことが一つのきっかけになり、長年にわたるスペイン語学習のひと区切りとして、いつかこの大作を読もうと思い、原書を手に入れた。

会社経営から身を退き暇ができたので、六ヵ月でなんとか読み切った。ところが読み終わってみると、今度は日本語に翻訳したいという欲が出てきて取りかかったが、これがたいへんな仕事だとわかった。当然のことだが、ただ読んで理解するのと、翻訳するのとではたいへんな違いがある。何度も途中で挫折しそうになった。こんな場合は自らの退路を断つのが一番効果的と考えた。若いころからの親友三人に宣言し、毎月翻訳文を送り読んでもらった。三人の中でも特にM君は熱心に目を通し、毎回的確なコメントを寄せてくれた。

この作品は十九世紀半ばから二十世紀半ばにかけて、コロンビアのカリブ海地方の架空の町マコンドが舞台だ。マコンドを創設したブエンディア一族の隆盛と滅亡にいたる百年間が描かれている。

マルケスはこの作品で、現実的な出来事と非現実的、空想的な要素を何の違和感もなく共存させている。これは、「マジック・レアリズム」と呼ばれる芸術的表現手法であり、後の世界文学に大きな影響を与えた。

美女の昇天や神父の空中飛揚といった非現実的出来事。マコンドへの鉄道乗り入れや、アメリカ大資本によるバナナ農園の経済搾取、国を二分する内戦などの史実。これらの出来事が巧みに融合し、読んでいるうちにどこまでが実話で、どこからが非現実世界なのかわからなくなってしまう。

このような多くの挿話を通して描かれている小説の一貫したテーマは、ブエンディア一族の先天的とも言える愛の欠如と孤独である。各世代に登場する男たちはみな孤独で、錬金術、戦争、デカダンな生活などに没頭するが、最後は全員が不幸な結末を迎える。
終始孤独だった一族の末裔だけが百年後に真の愛を知る。しかしそれは一族が過去の忌まわしい出来事から、絶対タブーにしてきた近親者間（叔母と甥）の禁忌な愛だった。二人の間には尻に豚の尻尾が生えた子供が生まれる。その子は、生まれた直後に蟻の大群に貪《むさぼ》られ、一族は破滅するという恐ろしい結末を迎える。

多くのラテンアメリカ読者は、物語の舞台マコンドに大陸（ヨーロッパ）から孤立した島（ラテンアメリカ）を感じ取った。

約四〇〇ページにわたる難解なこの大作を、途中で何度も投げ出そうと思った。しかし世の中で一人でも私の下手な翻訳を読んでくれる人がいることに元気づけられ、一年余りで完了した。最後まで付き合ってくれたM君の協力がなかったら、途中で挫折していたことは間違いない。

翻訳作業中、当時通っていたスペイン語学校のコロンビア人先生から、マルケスが日本へやって来るかも知れないと聞き、講演を楽しみにしていた。しかし、マルケスは二〇一四年、認知症を患いメキシコの自宅で死去した。あれだけ緻密なストーリーを考えた頭脳が最後は認知症の生涯。つくづく世の無常を感じずにはいられない。『百年の孤独』翻訳は、若いころから始めた私のスペイン語研鑽《けんさん》の集大成となった。

『百年泥』とガルシア・マルケス

平成二十九年下半期芥川賞受賞作品の石井遊佳著『百年泥』を読んだ。かつて私が行った南インドの中心都市チェンナイ――当時はマドラスと呼ばれていた――を舞台としたこの小説に興味を持ったからだ。

今から五十年あまり前、南インド国鉄本社のあるマドラスをベースにして、二ヵ月にわたりバンガロール、マイソールなど南部主要都市間鉄道通信の調査に携わった。マドラスはベンガル湾に面するタミル・ナードゥ州の州都で、遺跡に富んだ静かな街だ。今では世界的に有名になったＩＴ都市バンガロールの街には、ブーゲンビリアが咲き乱れていた。

「インドのシリコンバレー」といわれる南インドは、日本を含む諸外国へのＩＴ技術者大量輸出地域で、各企業とも若手社員への日本語教育が盛んだ。著者は現在、チェンナイのＩＴ企業で日本語教師を務めている。この小説の主人公として自分と同じ女性日本語教師を登場させ、彼女にルポルタージュ風にインドの現状を語らせている。

主人公が日本語を教える相手は、生意気で一筋縄ではいかない若者たちだ。初日から教師としての実力不足を見透かした生徒たちは、教室で私語を繰り返したり、テストのカンニングをしたりしてやりたい放題。主人公は二週間後には頭に十円ハゲができるほど心身ともに疲れ果ててしまう。

「教室は生半可な教師が堕ちる地獄だ」と主人公は告白しているが、私の南米ベネズエラの電気通信訓練講師の体験から推して、彼女の気持ちがよくわかる。

著者はチェンナイの日本語教師の目をとおし、インド人の宗教観、結婚観、家族関係、職業意識をあぶり出している。興味深く読み進んでいくと突如、『飛翔通勤』なる聞きなれない言葉が出てくる。通勤ラッシュ対策として会社幹部たちは、背中に翼をつけた『飛翔』によって通勤しているというのだ。

五十年前に私が仕事をしていたころのマドラスは、野生のいたずら猿が事務所の窓から闖入《ちんにゅう》してくるような牧歌的な街だった。あの静かで住みよい街が現在ではそんなことになっているのかと驚いた。更に読み進んでいくと、市内を流れるアダイヤール川の、百年に一度の大洪水の場面に出遭う。

氾濫《はんらん》した川泥の中から何十年ぶりに死者や行方不明者が次々と浮かび上がってきて、知人友人たちと再会を喜び合っている。「何これ？」という話の展開だが、著者の筆運びが巧みなせいかまったく違和感がない。

ここまできて私はこの手の話、どこかで読んだことがあるなと気がついた。そうだ、あのガルシア・マルケスのマジック・レアリズムだ。マルケスのノーベル賞受賞作『百年の孤独』のなかで、洗濯物を干していた美女が突然天に舞い上がっていく話や、熱いブラック・コーヒーを飲んだ神父が空中浮揚するシーンが出てくる。『百年泥』はまさに『百年の孤独』の現代インドバージョンだ。

もし現在の東京を舞台にした小説で同じような手法を使ったらどうだろうか？　一流企業の役員たちが首都高の上を背中に翼をつけて通勤するなどと書いたら、これはもうマジック・レアリズムではなくマンガだ。

インドの場合はそういった〝大ボラ〟手法を使ったほうがよりリアルにこの国の現実があぶり出せる、と著者は考えたのであろう。南北インド汽車旅の経験があり、マルケスの『百年の孤独』を翻訳したことのある私は、すぐに「彼女、やったな!」と思った。インドは今も昔も変わらぬ非日常的な出来事が、自然に受け入れられる素地のある国だ。そのインドが舞台なので、私もつい著者の術中に陥《おちい》り、一瞬、「飛翔通勤って本当?」と真面目に考えてしまった。

著者は東京大学大学院でインド哲学を専攻した学者の卵のようだが、象牙の塔にこもらず、現代インド社会の真っただ中へ飛び込んでいる。インド赴任直後に自宅と会社の間を流れるアダイヤール川の歴史的大洪水に出遭い、これをモチーフにして『百年泥』の執筆を思い立ったとのこと。

これまで日本でインドが小説の舞台になったことはほとんどないと思う。ある著名作家は「日本文学はインドを受容し損ねて来たその歴史だ」と言っている。二〇二〇年代には人口が中国を上回ると予測されているインド。私たちはこの国にもう少し目を向けてもよいのではないだろうか?

とかく日本国内での日常生活を描いた私小説が、芥川賞を受賞することが多い昨今、『百年泥』のように海外を舞台にした作品は、これからもっと書かれてもよいと思う。

落語の効用

新聞の政治コラムに面白い記事が載っていた。衆議院議員の小泉進次郎を中心に、自民党有志が国会内に『落語を楽しみ学ぶ会』を立ち上げたという。第一回実演鑑賞会には、共産党や無所属の議員も顔を見せたとのこと。

かつて落語家で自民党議員でもあった立川談志は、「落語とは人間の業の肯定である」と言った。そんな落語の鑑賞会に、共産党議員も参加したというのが面白い。

政治家以外でも佐渡裕（指揮者）、養老孟司（解剖学者）、長沖渉（演出家）ら、さまざまな分野で影響力を持つ著名人たちに落語ファンが多い。

落語の世界では、物欲、金銭欲、食欲など人間の業のかたまりのような人物が大活躍する。だが、現実の世界ではいろいろな制約があり、そうはいかない。主義主張や専門分野を越え落語ファンが多いのは、業のまま自由奔放に振る舞う落語の登場人物に、彼らがある種の共感を覚えるからではないだろうか。

そんな落語ファンの共感に応えたのが、映画『男はつらいよ』の寅さんだと思う。北朝鮮の金日成や金正日も、寅さんファンだったという。金日成は日本からの議員訪朝団との懇親会の席などで、寅さんのテキ屋叩き売りの物まねを演じて、場を沸かせたそうだ。

私も落語が嫌いではない。六十歳で南米コロンビア電話会社の技術顧問になった。首都ボゴタへ赴任する時、六代目三遊亭圓生のCD落語全集をスーツケースに忍ばせた。長い間スペイン語しか通用しない世界で仕事をしていると、どうしてもストレスがたまってくる。そんな時私は、いつも落語の世界へ逃げ込んだ。

持参した圓生全集には『大山詣《おおやままい》り』『無精床』『浮世風呂』など、圓生の十八番《おはこ》が四十噺《はなし》ほど入っていた。その中で私がもっともよく聴いたのは、業の権化のような大法螺《ほら》吹き男が、ご隠居さん相手に尾ひれを付けた武勇談を語る『弥次郎』だ。

陸奥の国の恐山に一人武者修行に出かけた弥次郎が、山賊相手に大活躍する法螺話が痛快で、いつ聴いても胸がすっとする。夜ベッドの中で、何度繰り返し聴いたかわからない。

きっとLPだったらすり減ってしまっただろう。昼間の仕事のことをすっかり忘れ、いつしか寝入ってしまう。圓生落語はまさに私にとって、副作用のない睡眠薬だった。

日本に帰っていちばん安堵したのは、朝から晩までどこへ行っても日本語で済ませられることだ。こういう環境の中では落語に助けを求めずとも、精神のバランスは保てる。日本でも聴こうとコロンビアから持ち帰った圓生全集は、今では埃《ほこり》をかぶったままだ。あの世へ持参する訳にはいかないので、近く五百枚ほどある音楽CDとともに断捨離する予定だ。

『東京裁判』法廷跡を訪ねて

かなり前になるが、仕事で市ヶ谷の自衛隊東部方面総監と会った。面談場所は三島由紀夫が自決したバルコニーのある総監室だ。仕事の話が終り総監と雑談中、「波多野さん、あなたがいま座っているあたりに、三島由紀夫の生首が転がっていたのですよ」との生々しい証言に思わずぎょっとした。事件の当日、総監は部屋にいたらしいのだ。

私は仕事で二年ほど、北海道から沖縄まで主な自衛隊駐屯地を回った。現場で多くの隊員たちと接する機会があった。この体験をとおし、良かれ悪しかれ自衛隊員はサラリーマン化していているな、という印象を受けた。多くの自衛隊員は、バルコニーから三島由紀夫の促す「決起」など、「あんた何を時代錯誤なことを言っているの？」という感じで聞いていたに違いない。

東部方面総監と会った後、今は記念館として復元されている、極東国際軍事裁判（東京裁判）の法廷を見学させてもらった。テレビニュースなどで度々見たことのある、おなじみの場所だ。ナチスを裁いたドイツのニュールンベルグ裁判とともに、「世紀の裁判」といわれた東京裁判を思い起こした。

東京裁判のポイントの一つは、戦争の後に制定した事後法「平和に対する罪（侵略の罪）」の適用解釈だ。事後法で戦争指導者を裁くことはできない、という理由でインドのパル判事は、十一人の連合国判事の中でただ一人、全員無罪を主張した。

インドの貧しい地方出のパル判事には、もし事後法で日本を裁くなら、インドを侵略、植民地化したイギリスはどうなるのだ、という思いがあったのではないだろうか。

もしパル判事の意見が通れば、事後法で既に結審している、ナチス・ドイツを断罪したニュールンベルグ裁判が成り立たなくなる。それでは歴史が後戻りするので、欧米主流派判事たちは彼を〝変人〟扱いにして、裁判から外してしまう。

裁判のハイライトはなんといっても、天皇戦争責任論に関する東条被告の証言だ。マッカーサー元帥は、戦後の日本統治を円滑に行い進めるには、国民感情を考えると天皇に戦争責任を問うのは得策でない、と周囲から進言されていた。

東条被告は第一回目の弁論で天皇に戦争責任があるともとれる証言をして、そんなマッカーサー元帥をあわてさせた。そこで彼はキーナン米首席検事に手をまわして裏ルートで東条証言を撤回するよう説得する。

その結果、「陛下はしぶしぶ開戦に同意された……」との訂正証言を引き出すことに成功。東条被告のこの一言で、天皇の無罪が決まった。何も知らされていない連合国判事たちはあ然としたとのこと。

東京裁判では「平和に対する罪」とともに、軍隊による一般市民に対する残虐行為を裁く「人道に対する罪」という新しい犯罪名が適用された。

しかし、それぞれ二十万人、十四万人の一般市民死者を出した、アメリカによる広島、長崎原爆投下は、まさにこの犯罪に相当するにもかかわらず、いっさい審理の対象にならなかった。

私と家族の運命を決めた、東京大空襲も同様に裁判から外された。東京大空襲では、日本の木造民家を効率よく焼き払うために開発された、ナパーム焼夷弾で私の家は焼かれた。徴兵で父不在の家から、幼い妹を背負った母は命からがら逃げた。

長野県へ学童集団疎開していて私は助かった。やっと汽車の切符を手に入れ、東京から会いにやってきた母から、空襲の惨状を聞かされた。東京下町にあった妻の実家も焼夷弾で焼かれ、義父は近くの運河へ飛び込み、一晩中材木につかまって助かった。

東京裁判ではこのようなアメリカの「人道に対する罪」はいっさい不問にされた。東条証言撤回工作と併せて、まさにこの裁判が茶番劇といわれる由縁だ。

ひょんなことから同じ日に、天皇制を信奉した三島由紀夫の自決現場と、天皇の戦争責任不問を決めた東京裁判の法廷記念館を訪れた。昭和史を大きく揺るがしたドラマの現場訪問は、令和に入った今でも忘れることができない。

スペインの「ハポンさん」

太平洋の荒波が打ち寄せる、房総半島の町御宿。ここは日本とスペインが最初に出合った場所だ。御宿には妻の実家があり、若いころ、子供たちを連れてはよく海水浴に出かけた。海岸近くにある歴史民俗資料館には、両国の出合いの光景がジオラマで再現されていた。

約四〇〇年前、スペインのフィリピン臨時総督が、帰国のため植民地メキシコへ向かう途中、乗っていたサン・フランシスコ号（乗組員三七三人）が、台風に遭って御宿沖で座礁した。命からがら泳ぎ着いた乗員たちを、村人が総出で救助し、着物や食料を与えた。

資料館のジオラマには、冷たい秋の海を漂流し仮死状態になっていた乗員たちを、村の女たちが半裸になり素肌で温めている様子が、生々しく描かれている。

この遭難事故があってから四年後。仙台藩主伊達政宗が、事故当時に両国の通訳をしたルイス・ソテロを正使、支倉常長を副使としてスペインへ慶長遣欧使節団を派遣した。使節団は首都マドリードへの途上にあるスペイン南部の小都市コリア・デル・リオに長らく滞在した。同市のホームページによると、ここには現在、六百人余のハポン（スペイン語で日本の意味）姓を持つ人たちがいるという。彼らは使節団渡来から十五世代にわたりハポン姓を受け継いできた、サムライの子孫だと信じているとのこと。

使節団が日本へ帰国する時期、日本の政治情勢が出発当時と変わり、キリスト教徒が迫害され国境も封鎖されてしまう。一部の人たちが信仰を貫くためスペインに残り、今日のハポン姓を持つ人々の祖先になったのではないか、と市のホームページには書かれている。

以上の事実を日本では、一九八九年になって仙台市が支倉常長の足跡を調査するため、コリア・デル・リオに照会するまでは知られていなかった。しかし地元では以前から広く知れ渡っていて、ハポンさんたちはサムライの子孫であることを誇りに思っているという。

コリア・デル・リオでは数年前、ハポンさんとサムライたちとの血縁関係をＤＮＡ鑑定するため、東京大学などにより、六百人の血液採取が行われた。

しかし、残念ながらこれまでの解析では、ハポンさんの先祖が日本人だという結果は得られていない。今後、新しい手法による解析が期待される、との大学の発表があった。

サムライ血筋のヨーロッパ人がいて、そのことを誇りに思っている、などと言う話を聞くと、なにか歴史のロマンが駆り立てられる。

コリア・デル・リオでは二〇一九年夏、灯篭流しが行われ、ハポンさんにとどまらず三千人以上が参加したという。「この世にいない人々に祈り、平和を願う」趣旨とのことだが、そこには文化の違いを超えた強い平和への願いが感じられる。

睡蓮 モネへのオマージュ

横浜美術館へクロード・モネ展を観に行った。モネは伝統的なアカデミズム絵画の決めた主題、構図、デッサン、陰影法などに縛られない、自由な絵画を生み出したと言われている。彼はひたすら風景を観察し、物の固有色ではなく、日光やその反射を受けて目に映る「印象」をキャンバスに再現することを追求した。睡蓮の作品に添えられた彼の言葉が、近代絵画の本質をついている。

「何を描くかは二の次で、私が本当に表現したいのは、描くものと自分の間に横たわる〝何か〟なのです」

横浜美術館のモネ展は、もちろん有名な一連の睡蓮の絵が目玉だが、同時に現代の画家たちが描いた、モネの絵に対するオマージュ作品が展示されていた。

モネのオマージュ作品の中では、現代の映像作家・水野勝規の作品『Photon』に強い印象を受けた。

モネは睡蓮の色が時間とともに光によって変化する有様を、何組かの絵で時系列的に表わした。それに対して水野勝規は、岐阜県にある『モネの池』を三回、別々の時期にビデオ撮影。それぞれの映像の赤・青・緑を強調して合成し、色の移り変わりを一つの動画作品で表現している。

色のきらめきが作り出す、絵でも写真でもない、なんとも不思議な世界。モネが意図してできなかったことを、百年後に水野勝規が最新映像技術を駆使して実現している。見方を変えれば、モネがそれだけ時代を先取りしていたとも言えよう。

水野勝規の作品を観て、私もなんとかスチル写真で、モネへのオマージュを表現したいと思った。大船フラワーセンターで睡蓮の写真を撮った。コンピュータ画像処理による試行錯誤を繰り返して完成させた。ダメ元でその年の、富士フィルム全国フォトコンテストへ応募したが、やはり落選だった。ただ通知票には審査員の次のコメントがつけられていた。少し長いが引用する。

「『睡蓮　モネへのオマージュ』は最終選考作品でした。審査員が最後までキープした作品です。この作品を見た時、何この写真はと思わせます。心の中にモネのイメージがないと、このような作品は表現できません。今回は惜しかったですが、この作品を他のコンテストへ出品されては如何でしょうか。アイディアとテクニックを高評価します」

私が嬉しかったのは、審査員が、横浜美術館で私が感じたモネへのイメージを、高く評価してくれたことだ。それと伝統的な全国規模コンテストで、写真とも絵ともつかぬ奇妙な作品が、最終審査まで残ったことにも力づけられた。今後の写真活動への展望が開けた。残された時間との勝負だ。

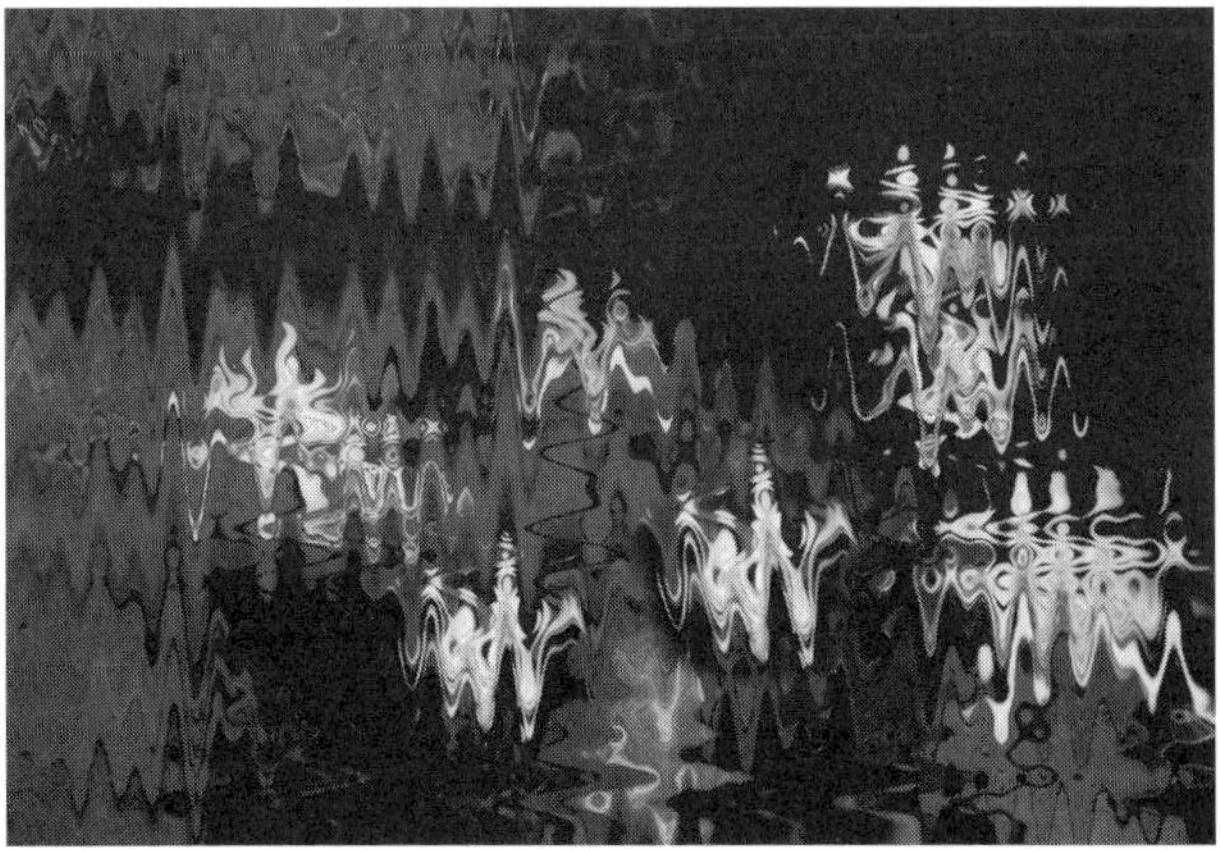

睡蓮　モネへのオマージュ

『絶えて桜のなかりせば』

毎年三月に入ると落ち着かなくなる。そろそろ桜の便りが聞こえてくるだろうからだ。古今和歌集に、在原業平の桜を詠った有名歌がある。

「世の中に 絶えて桜のなかりせば 春の心は のどけからまし」

まさに歌のとおり、この時節花の散るまで天気予報が気になり、すべてが上の空になる。

今年も開花を待ちかねて、カメラかついで鎌倉、東京、横浜などの桜名所を駆けまわった。鎌倉では毎年、妙本寺、段葛、建長寺の桜を撮ることにしている。妙本寺はほぼ同時期に咲く海棠との組み合わせが絶妙だ。段葛では四年前に移植された桜の若木が順調に育っている。

今年も、建長寺裏山の孤高な老い桜が花を付けた。老いてなお凛とした姿に感動して、一句吐いてみる。

来し方を思いて寂し老い桜

東京は小石川後楽園、芝増上寺、六義園、隅田公園へ行った。千鳥ヶ淵の桜も見事だが、毎年交通整理が出るほどの人出で立ち止まることもできない。今年は敬遠した。ちょっと遠出になるが、立川の昭和記念公園は、黄色い菜の花とのコラボレーションが見ものだ。

私の経営する小さな会社が新宿御苑近くにある。この公園は環境省が管理しているだけあって、桜の手入れが行き届いている。

建長寺裏山の老い桜

枝を大きく広げ、地面すれすれに垂れ下がる姿がとても優雅である。数年前までは、昼休みに社員と連れだって花見に行ったものだ。

苑内を一回りした後、大木戸門近くのレストランに入り、みんなで会食するのが恒例だった。今は私も非常勤になり、社員と歓談するチャンスはほとんどない。

最近は外国人客も増え、入口はアルコール類持ち込み検査で長蛇の列だ。苑内飲酒禁止には賛成だが、長時間行列をしてまで花見をする気にもなれず、今年は諦めた。

その他、今年初めて地元横浜の大岡川へ行った。川の中流、弘明寺から河口の桜木町まで、桜並木が断続している。花を追う老蝶よろしく、腰痛をおして四キロほど歩いた。河口近くで、みなとみらいの高層ビルを背景に満開の桜を撮り、ニューヨーク在住の娘にメールした。「もう桜ですか。こちらはまだ雪ですよ」との返事がきた。

花もそろそろ終わりのころになると、西行の歌を思い出す。

願はくは花の下にて春死なんそのきさらぎの望月のころ

ここで詠われている花は、桜ではなく梅だという説もある。だが、どちらにしても、日本人だれしもが憧れる、理想の最後を詠った名歌であることに疑いはない。私には建長寺裏山の老い桜が、西行の歌のイメージに重なって見える。

蝉の墓

今日は七十四回目の終戦記念日。自宅前の鎮守の森から蝉の鳴声が聞こえてくる。街路樹の蝉の声も合わさってまさに夏真っ盛りだ。

私の家は三十二階建て高層マンションの十五階にある。夏も終わりに近づくと、上昇気流に乗り空高く舞い上がった蝉が、ベランダに着地してそのまま息絶えてしまう。毎年目にする光景である。

わが家に死に場所を求めてやってくる蝉が哀れでならず、毎年何匹かのなきがらをまとめて近所の公園へ行き、桜の木の下へ葬っている。そんな私を見て、夏休みでニューヨークから帰省中の小学生の孫娘が訊く。

「オジイチャン、どうして蝉を公園に埋めるの?」

「だって、コンクリートのベランダじゃ硬くてかわいそうだし、土に戻ることもできないだろ」

アメリカの公園にも蝉はいるが、鳴き声をうるさいと感ずる人が多いそうだ。

蝉についてはできれば忘れたい、浅ましい思い出がある。終戦の年、私は長野県の山寺に学童集団疎開していた。当時、疎開先はどこもそうだと思うが、とくに長野県の食糧不足はひどかった。空腹に耐えかね、子供たちは蛙、蛇、赤トンボ、沢ガニなど身近な生き物を手あたり次第食べた。その中に蝉も含まれていた。焚火の中に放り込み、羽をむしって貪る。もう味はすっかり忘れたが、一時的な空腹しのぎにはなったかもしれない。

ずっと後になって訪れたインドネシアのマドゥラ島。そこでは住民が羽蟻をフライパンで炒め、食べていた。集団疎開の時の、自分を見るようだった。

先日テレビで元日本兵が、地獄の戦場といわれたガダルカナル島で、最後はミミズを食べたと語っていた。ニューギニアで戦死した父の最後はもっと悲惨だったに違いない。

戦争がもう一ヵ月長引いていたら、長野県にいた私たちも同じ目に遭っていたであろう。いや、蝉もミミズも空腹を満たすという点では大差ない。子供たちにとっては、長野の山寺は既に「地獄の教場」だったのだ。

今年もはやばやと一匹の蝉が飛んできて、ベランダの外壁に止まりじっと動かない。上空には鎮守の森をねぐらにしているカラスが、餌を探して旋回している。白い壁に黒っぽい蝉。外敵に対し無防備過ぎる。カラスに狙われるのではないかと心配していたら、案の定急襲された。蝉は間一髪のところで、最後の力を振り絞り、逃げていった。どこかの樹の幹に、無事たどり着いたのであろうか。

戦時中の蝉に対する自らの蛮行への贖罪もこめて、二首ひねってみた。

　ビル壁に死に場所探す蝉哀れ

燃え尽きし蝉のなきがら手に軽し

今日も暑い。でも秋はそこまで来ている。

解説にかえて〜見たことのない風景

ペルシャ美人と空港で別れのキスを交わし、涙に暮れるコロンビア人秘書を胸に抱きとめ、タイで現地採用した女子社員になつかれても、波多野さんは鼻の下を伸ばしたりしない。

波多野さんがモテるのはうら若い女性ばかりではない、飛行機が満席でアフリカでひとり年末年始を過ごしていると、無聊《ぶりょう》を慰めようとホテルのボーイが水泳を教えてくれる。出張先のベネズエラで仕事に悩んだ時には、ペンションの家主母娘がつくったパエージャに励まされる。そうした恩を、波多野さんも忘れることはない。アフリカで親しんだ水泳をいまだに続けているし、赴任したコロンビアをあとにする際のお別れパーティーの料理にパエージャをリクエストする。

北アルプスをともに縦走する信頼の絆で結ばれた友、実力を認めているからこそ、会社を「辞めてしまえ！」と叱咤してくれる上司、波多野さんの人生を彩るエピソードは映画の一場面のようだ。ほかにも印象的な人物がたくさん登場する。世界政治を論じるガーナの門番の少年。コロンビアでは、反政府ゲリラの出没する山村へ出かける時には頼りになるサッカー選手でもある運転手アルフォンソは、肝心の車の運転が荒っぽく大事故を起こす。

僕は波多野さんの目をとおして、行ったことのない国の風景を見た。スーダンでラマダン・ブレックファストに招待された帰り、砂漠の空に冴え渡る月。インドネシアのスラウェシ島の山中に乱舞する蛍の群れ。ジャカルタの低い街並みの彼方に瞬く南十字星。

家族を愛し、趣味の写真撮影ではひとりだけの時間を持つ波多野さんは、死生観まで語ってくれた。このエッセイ集を読んで、男の生き方とはどういうものかと、突き付けられた思いがする。

上野　歩（うえの・あゆむ）
小説家。著書に『就職先はネジ屋です』『わたし、型屋の社長になります』『削り屋』（以上、小学館）、『キリの理容室』（講談社）など。

〈著者略歴〉

波多野 謙一（はたの・けんいち）

東京都出身。ＮＴＴを経て、情報通信コンサルタント会社に勤務。東南アジア、中南米、アフリカなど30数カ国の通信インフラの建設に携わる。平成16年、日本ＩＴＵ協会より国際協力賞受賞。平成28年、孫娘とのアート・コラボレーション『四季鎌倉』が、富士フィルム全国フォトコンテストで優秀賞受賞。平成31年、東京カルチャーセンターよりエッセイ集『忘れ得ぬ海外の人々』（他作品との共著）を上梓。現在会社役員。

エッセイ集　海外《かいがい》に生《い》く
～海外世界を夢見た電気通信技術者の回想～

2019年12月21日　初版発行

著　者　波多野　謙一　© KENICHI Hatano
発行者　登坂　和雄
発行所　株式会社　郵研社
〒106-0041　東京都港区麻布台3-4-11
電話（03）3584-0878　FAX（03）3584-0797
ホームページ http://www.yukensha.co.jp

印　刷　モリモト印刷株式会社

ISBN978-4-907126-31-5　C0095　　2019 Printed in Japan
乱丁・落丁本はお取り替えいたします。

（株）ヤマハミュージックエンタテインメントホールディングス
出版許諾番号　19555P
ヘッドライト・テールライト　（246ページ）
作詞　中島みゆき　作曲　中島みゆき